长期价值

Inside Coca-Cola

A CEO's Life Story
of Building the World's Most
Popular Brand

[英] 内维尔·艾斯戴尔 [美] 戴维·比斯利 著
(Neville Isdell) (David Beasley)
高洁◎译

中信出版集团 | 北京

图书在版编目（CIP）数据

长期价值 /（英）内维尔·艾斯戴尔，（美）戴维·比斯利著；高洁译. -- 北京：中信出版社，2019.10

书名原文：Inside Coca-Cola: A CEO's Life Story of Building the World's Most Popular Brand

ISBN 978-7-5217-0885-1

I. ①长… II. ①内… ②戴… ③高… III. ①企业管理—研究 IV. ①F272

中国版本图书馆CIP数据核字（2019）第169349号

长期价值

著　　者：[英] 内维尔·艾斯戴尔 [美] 戴维·比斯利
译　　者：高洁
出版发行：中信出版集团股份有限公司
（北京市朝阳区惠新东街甲4号富盛大厦2座　邮编　100029）
承 印 者：北京诚信伟业印刷有限公司

开　　本：787mm × 1092mm　1/16　　印　　张：16.5　　字　　数：198千字
版　　次：2019年10月第1版　　印　　次：2019年10月第1次印刷
京权图字：01–2018–4024　　广告经营许可证：京朝工商广字第8087号
书　　号：ISBN 978–7–5217–0885–1
定　　价：69.00元

谨以此书献给：

造就了我的父母，

支持我的
妻子帕梅拉、女儿卡拉、
女婿扎克·李和外孙罗里。

当然，还有可口可乐公司的全体同人。
正是因为伟大的你们，才让这一切成为可能。

Inside Coca-Cola

目录

Inside Coca-Cola

第二章　坚守企业文化

第三章　与竞争对手抢份额

Inside Coca-Cola

第四章 推动核心竞争力

第五章 壁垒的坍塌

第六章　夺回失去的市场

第七章　重构发展模式

序

成长的见证

这本书是由我丈夫执笔完成的回忆录，其中所记录的点点滴滴也是我们共同生活的记忆。读到这里，你们可能会觉得意外，内维尔居然会让自己的妻子作序。当他征求我的意见时，我也有些意外。

在过去数月的创作期间，他让我帮他挑选一个最合适的人为他作序。要担此重任，这个人要非常了解他，我绞尽脑汁思来想去，最终，这份荣耀落在了我自己的头上。

究其原因，我想，从某些方面来看我应该是最了解他的人。我们已经结婚 41 年了，我们相识于赞比亚，在婚前，还在这个最初相识的地方一起生活了两年。在那时的赞比亚人看来，婚前同居可是“作孽”，所以我们当时的叛逆行为在很多人看来绝对是不合礼数的。然而在那个“动荡的 60 年代”里，如果放眼全世界来看这件事情，我们只不过是略显前卫而已。而事实上，我们长达 43 年的婚恋关系也让那些等着看笑话的人无言以对。

第一次见到内维尔的时候，我就认定了他。在几周、数月的相处后，我们对彼此有了进一步的了解。我欣赏他工作时的全神贯注与热情饱满，而更让我尊敬的是，他对工作的热情不会因为时间而淡去。当然了，慢慢地，我也发现了他的雄心壮志。

多年以来，作为他成长的见证人，我也从他身上获得了成长的空间和帮助。我相信，我们是彼此温暖的港湾，在他觉得累的时候，就会回到我的身边。

我们在相识之初就发现彼此性格互补。内维尔是典型的双子座，他爱交际、爱玩、爱冒险，但同时，他也有严肃、移情和倔强的一面。在我们两人的相处中，我认为，我就像是安静而沉稳的锚，而他则是动力饱满与方向明确的船。

参与到这本书的创作之中，我也收获了很多乐趣。在此期间，我重温了这些年我们之间相处的点滴。穿过记忆的雾霭，重拾那些记忆的感觉非常美妙。不得不承认，在读到那些低谷时期的故事时，我还是忍不住落泪了。虽然这样的时期并不多，也过去很久了，但它依然唤起了那段记忆，让我回想起那段我们两人相濡以沫的日子。

让公司利益最大化

那些所谓的低谷时期，其实正是内维尔频繁出差，全身心投入工作的时光。有时候我觉得我只能在家里当他的副手，但也正因为如此，我跟女儿卡拉的关系非常亲密，在内维尔不在家的日子里，是卡拉一直陪伴在我身边。低谷之外，我们也有很多幸福的时刻：跟他一起，我去了很多国家和地方。后来内维尔取得了很高的成就，我生活在他的光环之中，他让我衣食无忧，生活得自在充实，纵然有些许的低谷，但我们在一起度过了人生的黄金岁月。

通读这本书让我看到了丈夫的另外一面：年轻的时候，他从底层做起，慢慢成长。内维尔是一个十分专注的人，即使不再担任可口可乐首席执行官一职，他依然保持今日事今日毕的处事方式。

他对于经手的每一项工作都充满激情，他的座右铭就是在尽力把工作做好的同时，寻找让公司利益最大化的方法，这也是他成功的原因之一。他常用这样一句话来自勉和鼓励员工：只要你尽全力完成任务，成功就会来敲门。

内维尔在可口可乐的工作，让我们全家进行了一场环球之旅。每当内维尔调换一次职位，我们都要认真讨论。如果决定去另一个国家，那么我们就会拿出地图仔细研究，尤其是去菲律宾之前，我们都不知道这个国家在地球上的什么地方。每到一个陌生的国度，因为语言不通、文化差异大，我们都面临着全新的挑战，所幸可口可乐给予了外派员工很大的关怀，为我们适应新环境提供了巨大帮助。

但这样的生活让我们的女儿卡拉备受煎熬。内维尔和我从小就离开了故乡，从英国移居到赞比亚，所以我们对于这种不知道明天会在哪个国家的生活充满了期待，也享受其中。但可怜的卡拉不一样，她从小就跟着我们不停地东奔西走，从一个国家换到另一个国家（她在 5 个国家居住过，换过 6 所学校），朋友圈刚刚建立起来，就要离开。好在她现在已经结婚了，日子过得很幸福。她和丈夫还有我们老两口一起照看他们的儿子罗里。

如今，经济全球化的趋势日益明显，很多家庭都面临这样的挑战。我们和内维尔都希望这段亲身经历可以为面临类似情况的家庭提供借鉴，虽然这样的经历总有大大小小的困难，但是总体来说依然令人向往。

迎接新挑战

读完了内维尔的回忆录，我对他充满了敬意。此前，我一直不知道他独自一人面对了那么多的危机和磨难，而时至今日，他仍旧可以始终保持平和的心态待人接物。

内维尔有一点让我一直非常欣赏，那就是无论发生什么样的情况，他每年一定要有自己的假期。这对他和我们的家庭来说非常重要，因为有属于自己的时间，我们才可以一起外出旅行，让全家人其乐融融地在一起，拉近彼此的距离。

我们从来没有想过他能成为可口可乐公司的首席执行官或董事长，我们一直期待他退休之后，可以凭借退休金安度晚年。可他突然又被公司返聘，这突如其来的消息改变了我们原本的生活计划，也改变了我们两个人。我当时最大的担心是内维尔的身体状况以及我们之间的关系。这次新的挑战会给我们带来什么变化？他有没有掌管这样一家大公司的能力？我在心里无数次产生疑问，因为在当时这份工作并非什么好差事。他要是垮了怎么办？是不是还得让我来收拾残局？相比我的疑惑和担忧，内维尔显得非常理智，而正是他的选择让我们有了今天。每当我想起当时曾一度试图要阻止他走向事业的巅峰时，我就为自己的狭隘格局深感愧疚。

5 年过去了，这是辉煌的 5 年，我看到他并没有止步于此，而是在不断成长，变得更加自信。他几乎每天都要应对接踵而至的各种问题，他的地缘政治知识也因此得到了增长。

我也学会了从不同的层面理解他。他很多次外出都会带上我，我知道他的内心是希望我陪在他身边的，因为他觉得我们是一个团队，这一点让我很高兴。

2009 年，他从董事长的位子上退了下来。当时，我很担心他习惯身居高职而不愿意脱下这身“官服”，可他却表现得很轻松，愉快地将权力交接给了我们的挚友穆泰康，然后彬彬有礼地离开了舞台，在聚光下谢幕。

内维尔对退休后的生活早有安排：他要不断地用知识充实自己，激励自己前行，还要让我陪着他活到至少 80 岁。现在，我的愿望就是他可以实现自己的这些承诺。

希望每一个读到这本书的人都能从这些回忆和故事里找到共鸣。

帕梅拉·艾斯戴尔

引 言

可口可乐的危机

我时常觉得自己是个幸运的人，在成为可口可乐的高管之后顺利退休，闲居于巴巴多斯岛，在加勒比海岸的明媚阳光下打高尔夫球。然而就在 2004 年 2 月，董事会成员兼公司前任总裁唐纳德·基奥忽然来电，他告诉我时任董事长兼首席执行官道格拉斯·达夫特计划辞去在可口可乐的职位。

唐纳德本人被提名主持遴选委员会的工作，寻找合适的人选接替达夫特，所以他将橄榄枝抛向了我，希望我参与竞选。虽然他对此事并没有十足的把握，但他承诺会力荐。

那段时间对于可口可乐公司来说可谓阴霾密布。达夫特担任可口可乐首席执行官的时间只有 4 年，而他的前任道格拉斯·艾夫斯特只待了两年就被董事会免了职。那天道格拉斯正在芝加哥机场，突然收到了这样的罢免决议，罢免他的董事会成员里包括了大名鼎鼎的沃伦·巴菲特。

自 1997 年 10 月前董事长兼首席执行官罗伯托·戈伊苏埃塔病逝

之后，可口可乐公司就开始走下坡路。在任的16年间，罗伯托将可口可乐从一个营业额40亿美元的公司变成了营收近1500亿美元的行业巨头。然而到了罗伯托执掌可口可乐帝国的后期，市场份额开始萎缩。尽管公司进行了大规模裁员并采取了一系列整治措施，但似乎所有的努力都无法把公司重新拉回到健康的发展轨道。

可口可乐公司在营销上的形象一直都是提供快乐。在可口可乐的众多广告中也都能看到这样的字眼。但到了2004年，位于亚特兰大北林荫道的公司总部却无法快乐起来了。

美国证券交易委员会正在日本就可口可乐公司的“渠道充塞”问题进行调查，他们认为可口可乐故意提高销售额以抬高股价。此外，可口可乐还受到了另外一项指控，称其在哥伦比亚雇佣右翼敢死队对当地工会领导人实施恐怖活动。当时可口可乐的首席法律顾问，也就是后来的马萨诸塞州州长德瓦尔·帕特里克向达夫特递交了辞呈，导致帕特里克离职的原因之一便是哥伦比亚问题上的争议。帕特里克还在其他问题上与另一名高管发生了分歧，双方都坚持要让对方离开。可口可乐公司的用人政策被指责带有歧视，从而招惹了一桩诉讼大案，也在同一时期被法院调查。祸不单行，欧盟也开始对可口可乐违犯反垄断法进行调查。总之，那个时候，可口可乐面临着有史以来最大的危机。

董事会只能开始物色一名新的董事长兼首席执行官。从公司内部来看，似乎只有一个合适的人选，即公司总裁史蒂文·海尔。因为可口可乐很少从外部招聘这一职务，所以史蒂文·海尔看起来志在必得。

得知这个消息后，我告诉唐纳德，我要先跟妻子帕梅拉商量一下，10天之内给他答复。

拒绝当杰克·韦尔奇的炮灰

我在可口可乐工作了30多年，从来都没有想过有一天要成为董事长、首席执行官。我从来就没有这样的奢望，因为我觉得这是不可能的事情，尽管从2003年的夏天开始，就有很多人开始猜测达夫特可能会被罢免。还有人提出要推荐我接替他的职务，被我断然拒绝了。我没有虚伪地推脱，拒绝是我最真实的想法，而帕梅拉也完全支持我的立场。我已年逾花甲，经济上也能有所保障，在退休之后，我减掉了10磅[①]体重，过得更加健康。况且，忙碌了一辈子，奔走于世界各国，熬过了无数个单日工作时长超过15个小时的日子，现在的我只想与家人共享天伦。因此在我接到唐纳德的电话之后，帕梅拉多次强调她的观点，考虑到我的身体状况，以及当下的安逸生活，她不希望我重返职场。“如果你做不好，你知道会怎么样吗？”帕梅拉也这样反问过我。

在罗伯托之后，可口可乐公司就没有出现过一任成功的董事长。帕梅拉担心我会成为第三个费心劳力却惨遭失败而退场的人。但不管如何，她还是一如既往地支持并尊重我的决定。

“如果我在其位，一定不会失败”，我很坚定地告诉帕梅拉，但在内心深处，我也有一丝犹豫。我觉得她的担心不无道理，这件事情非比寻常，意义重大。我的职业生涯经历过无数风风雨雨，离开之后的生活惬意非常，何必再去自寻烦恼呢？可问题是，“如果放弃生活中的最后一次挑战，我能否甘心呢？”

对我这个从前做过橄榄球运动员的人来说，答案很明确：决不

① 1磅≈0.45千克。——编者注

甘心。

唐纳德那通电话之后的一周左右，我把自己的决定告诉了妻子，我决定接受这次挑战，同时也给了自己一个期限——5 年时间，无论成败。帕梅拉对我的决定很意外，也有些失望，而我心意已决。就这样，游戏又开始了。

我这一生的时间都在为可口可乐公司打拼，到世界的各个角落征战，尤其是那些公司迷失方向、渐渐丢掉市场的地方。这次机会又来了，我要来个大逆转，重振整个可口可乐公司。我跟公司董事会的每一个成员进行了面对面的对话。几乎所有媒体都认为海尔会是这次竞选的赢家，据称他还聘请了一家公关公司为他做个人形象的包装。虽然我的名字在媒体报道中很少出现，但是我很清楚，我才是领先的那一个。

就在竞争渐渐明朗的时候，杰克·韦尔奇出场了。

韦尔奇是商界的代表人物，曾导演了通用电气的大翻盘。1981 年韦尔奇出任通用电气的总裁，到 2001 年离开的时候，他把公司的市值从 140 亿美元提高到了 4100 亿美元。1995 年，《财富》杂志曾把他与罗伯托·戈伊苏埃塔并称为“财富创造者”。

2004 年 4 月，韦尔奇娶妻成家。他举办婚礼之时，正是他距离可口可乐公司董事长兼首席执行官这个职位最近的时候。

韦尔奇表示他会考虑这个机会，并且把他的蜜月之旅安排在了巴巴多斯。在这个加勒比海的小岛上，他住的地方跟我只有几英里[①]远。董事会成员与他频繁接洽，他们都觉得雇用韦尔奇会给公司带来新的活力，并且能拉动股票上涨。对这一点，我深信不疑。

① 1 英里 ≈ 1.6 千米。——编者注

4 月 28 日，我因公事前往苏格兰的爱丁堡，其间接到了可口可乐公司董事会成员赫伯特 · 艾伦打来的电话。赫伯特询问我是否愿意在韦尔奇手下工作一两年，之后继任董事长兼首席执行官一职。

我非常坚定地拒绝了。可口可乐公司内部有太多的问题，想要扭转局面将面临很大的风险。如果由我来主导这次变革，我非常愿意赌一把，但是如果给别人做替罪羊，我觉得不值得。韦尔奇虽然在通用电气大显神通，但毕竟对软饮行业知之甚少。我在可口可乐公司摸爬滚打了一辈子，从最早在赞比亚的一家装瓶厂，到最后一路高歌猛进几乎做到了公司的最高层。那时我就意识到，我们的管理人员由于工作风格的差异，一定会出现分歧，尽管在董事会看来这支团队非常优秀。韦尔奇作为大公司的领导者有着辉煌的战绩，而我只是在欧洲的装瓶厂当过总经理兼首席执行官而已。

我一向对赫伯特 · 艾伦十分信任且充满敬意。在同他通过电话之后，我放下听筒，告诉帕梅拉一切都结束了。

正式上任

可是万万没想到，在度蜜月的韦尔奇却忽然打了退堂鼓。

时隔多年，在我写这本书的时候，韦尔奇回忆起当年的情况时说：“一想到要在全世界飞来飞去，我就觉得心里打怵，毕竟这种事情我已经领教过了。于是我思来想去考虑了整整 48 个小时，也可能是 72 小时，无论究竟多长时间吧，最后我还是从可口可乐的梦里醒了过来。”

从苏格兰回到巴巴多斯后不久，我就接到了唐纳德的电话，可口可乐公司向我下了聘书。就这样，我成了可口可乐公司历史上第

12 任董事长兼首席执行官。

很快，5 月 4 日，可口可乐公司就对外公布了我的任命通知，并定于次日安排我与总部的员工见面。

罗伯托·戈伊苏埃塔昔日的司机乔尔·鲁修在亚特兰大机场接到了我、帕梅拉和卡拉。我突然觉得应该问问乔尔是否知道罗伯托遗孀奥尔吉塔的电话。恰好他还真的记得，于是我立刻与奥尔吉塔通了电话，告诉她我已经下飞机到了亚特兰大。

“我会尽全力重振可口可乐公司，让它重回罗伯托时代的辉煌。”我告诉她。

到了总部，员工们聚集在园区里向达夫特、海尔和我表示欢迎，还在院子里准备了一个讲台。达夫特坚持在当日不会做演讲。我觉得还是应该即兴讲几句为佳，海尔也表示同意，毕竟这是我第一次在下属面前亮相。我简单讲了几句，重点强调了我对可口可乐品牌的信任与信心。在演讲结尾处，我说：“可口可乐这个品牌就靠大家了！品牌是要靠人来创造的！”

我想，这才是员工们最希望听到的。

按照原定计划，我应该在 6 月 1 日到岗就任，但此前必须要到美国驻巴巴多斯使馆办理好工作许可证。我排着长长的队，一点一点往前挪动，终于到了办理证件的小窗口。使馆的工作人员态度生硬，他隔着防弹玻璃向我发问。我的身高有 6 英尺 5 英寸（约 1.96 米），话筒的位置只到我的胸部，我弯下腰弓着身子与他对话。

“这个职位为什么要聘用一个外国人呢？美国人为什么就做不了？”签证官问道。

这话问得着实在理，我竟然无言以对。“这是可口可乐公司董事会的决定，”我说，“他们都是美国人，我相信他们知道自己在做什么。”

工作许可证审批下来大概需要数周，可口可乐公司只好先派了一个管理团队到巴巴多斯向我介绍公司情况。我们坐在阳台上翻阅着资料，阳台之外就是加勒比海。我建议大家一边看资料一边喝咖啡。首席财务官加里·法亚德望着蔚蓝的加勒比海上的落日余晖，这美景令他深深陶醉。他实在不明白我为什么要离开这么美丽静谧的地方再次投身商战之中。

“你是疯了吧？”加里这样问我。

当然，这也是一个在理的问题。但木已成舟，悔之晚矣。

在美国的工作许可证比预想中下来得要早，所以我在5月底就到了亚特兰大。那时道格拉斯·达夫特已经离开公司，我只好提前入职。我给沃伦·巴菲特打了一个电话。

“现在我可是无偿为可口可乐工作。”我开玩笑说道，提醒他我还没拿到薪水就已经开始工作了。

“我觉得这安排不错，”他跟我开玩笑说，“要不然就永远无偿工作下去吧。”

经营上的教训

我之所以决定出版这本书，主要是因为很多朋友都敦促我把这段经历记录下来，其中既包括可口可乐在经营上的经验教训，也包括我重整这一品牌的经历，毕竟可口可乐一直都是最受欢迎的饮料品牌之一。所以，我认为这本书的内容绝对不能空洞无物，让人读起来味同嚼蜡。为了让读者能从中真正地了解我，了解可口可乐公司，这个故事将从很久以前讲起，从我的早年经历谈起，包括从赞比亚到南非，从澳大利亚到菲律宾再到德国，甚至还有柏林墙拆除之后的那段非常时期，再到苏联市场的开放，可口可乐重新进入印度和中东市场，一直到我担任董事长兼首席执行官这5年间的风风雨雨。

其实，可口可乐产品的最初形态是一种治疗宿醉和头痛的药剂，这种产品诞生于1886年，由亚特兰大的药剂师约翰·彭伯顿首创。今天，可口可乐产品已销往全球，遍及世界各地（当然还有三个国家除外——朝鲜、古巴和缅甸）。作为一种质高价廉的饮品，艺术家安迪·沃霍尔曾这样形容可口可乐：无论是国王还是流浪汉，都能享受到的美味。

可口可乐无处不在，其广告效应甚至影响了现代版的圣诞老人形象。据统计，“可口可乐”这个词在全世界的认可度排名第二，使用频率仅次于“OK”。同时，可口可乐还具有一种神秘的魅力——在这个世界上仅有少数几个人知道它的配方，就连我都不知道。

可口可乐饮料的合成一直是一个秘密，它由几种植物作为原料，加以其他配料混合后制成原浆，然后进一步加工制成饮料，发往世界各地的餐厅和装瓶厂。在过去，可口可乐公司的大部分利润来自向各地独立装瓶厂销售的原浆。随着时间的推移，可口可乐母公司已收购大量的独立装瓶厂。到2010年，可口可乐公司又收购了北美地区最大的可口可乐装瓶厂商。迄今为止，美国和加拿大境内90%的装瓶企业都归可口可乐公司所有。

无论从什么角度来看，可口可乐似乎都是一家近乎完美的公司：有着丰厚的利润和无处不在的产品，低廉的价格为消费者带来一场唇齿间的享受。

然而，到了今天，这种经营方式已被时代抛弃。在本书中，我提到了很多具有争议性的问题和事件，能够充分证明这一点。可口可乐并没有受到普遍尊重，尤其是在某些精英阶层。人们指责它是肥胖的罪魁祸首，还会导致糖尿病；在印度，人们说它会破坏水资源等。

“我们赚的钱越多，就越不招人喜欢。”可口可乐公司董事长保罗·奥斯汀在 1970 年 3 月写给罗伯特·W. 伍德拉夫的一封信里如是说。伍德拉夫从 1923 年到 1954 年一直是可口可乐公司的灵魂人物。

奥斯汀在当时就发现，可口可乐只靠出售软饮是远远不够的。跨国公司已经成了众矢之的，世界上出现的很多问题如今都被归咎到这些公司身上。

现在，很多文章、书籍都在探讨企业应该承担的社会责任，但我要强调的是，就跨国企业所面临的挑战来说，人们对社会责任的界定范围还是太过狭隘。我在南非读大学，如果按照大学所学的专业来讲，我应该从事社会福利工作，但最终我还是选择了商业。我认为，时至今日，企业应该与政府、非营利性公益组织和慈善组织共同努力，三者形成牢固的合作关系，把社会公益事业和商业两个领域相结合，携手缔造一个更美好的世界，创造更洁净的环境，消除贫困和疾病。我将其称为联动式资本主义。

在就任可口可乐公司董事长期间，我极力推动公司朝着这个方向发展。这项工作目前不仅在可口可乐公司内部，甚至在诸多跨国企业中都在不断推进。这是一项重要的改革措施，我的继任者穆泰康也是这项改革的绝对支持者。我相信这项改革最终会重新定义我们社会制度的内涵。

本书既不是一本纯粹的商业性质读物，也不是一本典型的自传，我认为它更像是一本自述。所以在此，我邀请诸位跟我一起走进可口可乐，走进我的故事，走进希望与挑战并存的全球商业未来。

Inside Coca-Cola

第一章
认知并理解环境

可口可乐疲软的年代

1943 年 6 月 8 日，我出生在北爱尔兰的唐帕特里克镇，是家里的独生子。我的父母都是基督徒，母亲祖籍苏格兰，父亲则是地道的爱尔兰人。

我的父亲爱德华·内维尔·艾斯戴尔是阿尔斯特皇家警署的指纹和弹道专家。从前，贝尔法斯特是船舶制造中心，在第二次世界大战期间常常会遭轰炸，因此警署被迫搬到了 20 英里外的唐帕特里克镇，直到战争结束才得以迁回。我就是在战乱期间出生于这个小镇。

出生后，我在唐帕特里克一座石头建成的小教堂受洗。这座教堂是在爱尔兰圣帕特里克第一座教堂的旧址上建造的。我的女儿和外孙后来也在这里受洗。

北爱尔兰在彼时已经是英国的领土，但在那里忠于爱尔兰的天主教徒依然很多。在我很小的时候，我记得新教徒和天主教徒之间冲突不断，所以在唐帕特里克会有新教徒社区和天主教徒社区，连学校也会有这样的划分。

我的祖父是奥兰治教团成员，这是一个信奉新教至上的组织，每年都要庆祝博因河战役胜利纪念日，在这场战役中，奥兰治的威廉（新教）率兵击败了国王詹姆士二世（天主教）。而我的父亲则一直跟爱尔兰有很密切的联系，所以他拒绝加入奥兰治教团。不仅如此，父亲的想法也很偏执，他一直觉得爱尔兰和北爱尔兰应该是一个国家，但国家的统一必须要采取和平民主的方式。或许是受到父亲的影响，我也这么认为。在那时，爱尔兰因闹独立和英国军队发生的冲突问题已经得到了缓和，20 年之后这个冲突才再次出现。而我则在这些年的生活中，经历了很多次人世间类似的冲突。所以，理解他们、不卷入他们的纷争，成为我日后在商海畅行的重要技能，也正是这一技能成就了我在可口可乐公司的事业。

我的童年是在北爱尔兰度过的，跟那些典型、稳定的中产阶级一样，我有一个很大的家族，彼此关系融洽，而且住得很近。祖父从事邮差工作，外祖父则是船舶工程师，因为对英国的造船业做出了巨大贡献，还受到英国国王乔治五世的嘉奖。

我依然清晰地记得，有个尼日利亚警察在当地接受 10 天的培训并住在我们家。当时，在北爱尔兰有个黑人警察不是件小事儿。那位警官送了我一个毛茸茸的小玩具，我给它取了个名字叫卡拉巴尔，取自这位警官的故乡之名。我特别喜欢这个礼物，这是我生平第一次跟非洲发生关联。我还记得自己在北爱尔兰喝到第一口可口可乐的情景，那是在一家卖饮料的老店，窗子上都镶着漂亮的金银花纹。那时在我看来，这才是外国饮料！

在战后的日子里，难民营里依然住着从纳粹大屠杀中逃出来的人。我把自己的一些玩具捐给了那里的孩子。当时汽油和一些日用品都实行配给制，而“二战”期间爱尔兰是中立国，所以有时周末我们会开车去爱尔兰买一些紧俏用品。

我父亲身材高大而魁梧，他曾经三度想要离开北爱尔兰，但是都未能如愿，因为警署不愿意放他这样的骨干走。所以，他只好与希腊、英属圭亚那、塞拉利昂这些地方的工作机会擦肩而过。

没有办法离开北爱尔兰，父亲就把他多余的精力放在了打橄榄球上。橄榄球是一项硬汉运动，还有点儿粗暴，连踢带打、过人、抱摔，还不戴头盔和护具。很多人说足球是流氓的绅士运动，那么橄榄球就是绅士的流氓运动。父亲后来还当上了一家橄榄球俱乐部的主席，我叔叔也在其中。一到周末，我就跟堂兄弟们去橄榄球场，如果场内有比赛，我们就在场外打着玩儿。

在警署工作 25 年后，父亲终于退休了，却只拿到一半的退休金，因此他又在现在的赞比亚（当时的英国殖民地北罗得西亚）谋了一份差使，在当地的警察局做指纹处处长。这是 1954 年的事情，那一年我才 10 岁。

父亲终于如愿以偿有了移居国外的机会，但贝尔法斯特的亲戚和邻居们却再三阻挠我们搬家。我一直记得 10 岁的我坐在角落里看着大人们无休止地争吵，他们根本没有注意到我的存在。一位亲戚说：“你们这是何必呢？内维尔怎么办呢？”父亲说：“我认为我这么做就是为了给他提供更好的升学机会。我做的决定都是为了他好，我希望他比我有更多的机会和空间。”父亲这一番话深深地印在了我的心里。父母的辛劳和奔波全是为了我，为了给我更好的生活，更好的教育，更好的未来，他们把所有的希望都寄托在了我的身上。他们是不幸的一代，遭遇了战事，失去了很多的机会，对于他们来说，才华已经无法施展，梦想早已化为泡影。

我对这次搬家激动不已，自小时候起我就对地理和自然有着浓厚的兴趣，常常采集树叶夹在书里做标本，也喜欢看地图，还喜欢背诵其他国家的国名。父亲一直想要离开北爱尔兰，而母亲却对此毫不热衷。她是一个特别称职的母亲，对我疼爱有加，我印象中她的身体一直不好，备受哮喘病困扰。

在去往非洲的路上，我第一次来到了伦敦。我们乘坐的船沿途也在西班牙沿海的大加那利岛拉斯帕尔马斯停靠。西班牙的弗拉门戈舞者走上船来表演，再加上明媚的阳光和迷人的海滩，第一次见识到这种异域风情的我被震撼了。我们还没有到非洲，就已经进入了一个完全不同的世界。

我们在非洲的第一站是葡属西非（也就是现在的安哥拉）的洛比托湾。在那里，我目睹了殖民统治的残暴，白人监工用皮鞭不停地抽打着黑皮肤的码头工人。父亲唤醒惊呆的我，并对我说："很抱歉孩子，你必须要面对这一切，这就是世界的本来面貌，但你要相信总有一天这个世界会变得美好，这些邪恶的东西将不复存在。"然而，直至今日，那令人毛骨悚然的场景，依然清晰地印刻在我的记忆深处。

第二站是南非的开普敦。当时是 1 月份，正值南非的夏季。当地人告诉我们，如果我们愿意早上 5 点起床，就会看到最壮观的景象。于是我跟父亲起了大早来到甲板上，透过晨雾，我看到平静的海面上浮现出一片神奇的景象。那便是闻名遐迩的桌山，规模之宏大让人震惊不已。爱尔兰也有很多美丽的绿色山峦，但眼前这座海拔近 4000 英尺[①]的奇山，实在是让人惊艳。毫不夸张地说，这是我

① 1 英尺 ≈ 0.3048 米。——编者注

有生以来见过的最美的景色，我一下子爱上了开普敦。它是我认为的世界上最有魅力的三大城市之一，另外两座城市是悉尼和里约热内卢。

我们在开普敦停留了4天，沐浴在灿烂的阳光下，吃着从咖啡厅买来的汁水丰富的葡萄、柑橘，还有加了冰激凌的西瓜。在这里，我也第一次见识了什么是种族歧视：公园的长椅上写着“仅供白人使用”的字样。在感到震惊的同时，我又觉得这仿佛是当地一种很自然的社会秩序，而这种秩序又不那么让人舒服。那时的我只有10岁，不可能一下子变成一个社会活动家。事实上，我当时已经接受了那种现实，虽然这让我一直觉得很不舒服。我只是很不解，两年前我们家里就有一位尼日利亚的黑人警官留宿，在北爱尔兰，他怎么就可以住在白人家里，但是在南非的公园里，黑人却连白人的椅子都不能坐呢？

离开开普敦之后，我们乘坐火车又走了三天半，继续向北罗得西亚进发。我在两节车厢的连接处站了好几个小时，扶着铁栏杆看着沿途不断变化的地貌。我们经过了博茨瓦纳灰暗的半沙漠地带，看到途中商贩们卖着各种各样的器皿，还有妇女们抱着孩子喂奶。沿途穿过了世界七大自然奇观之一的维多利亚瀑布，这是区分南罗得西亚（今津巴布韦）和北罗得西亚的地标。维多利亚瀑布是赞比西河的一部分，宽1.25英里，从365英尺高的地方倾泻而下，磅礴浩然，落在下面的峡谷间。数英尺之外都可以看到飞溅的水珠，这就是当地人称其为“莫西欧吞亚”（打着雷的烟雾）的原因。我被眼前的景象完全吸引了，非洲的一切都是如此的宏伟，如此的不同凡响。

到赞比亚的首都卢萨卡之后，父亲在英国从事指纹鉴定的前同事帕迪·格林和他的新婚妻子前来车站接我们。父亲将接替格林担任北罗得西亚警察局指纹处负责人。虽然卢萨卡是赞比亚的首都，可火车站连站台都没有，下了火车就是红土地。

我们一家住进了政府提供的一幢全新三居室住房，房间地面是混凝土的，亮亮的，很漂亮。这幢房子坐落在一片半英亩[①]大小的空地上，房子后面便是灌木丛，整体环境很不错。而且，我们家第一次有了用人，他们会在脚上套上刷子给地板打蜡。我从小生性好动，这光滑的地板让我很欢喜，每天在上面像滑冰一样溜来溜去。

搬进来的前9个月里，家里没有电，只能靠点蜡烛、油灯和烧木头的炉子来照明。然而，对于一个孩子来说，非洲以一种全新的姿态向我展示了前所未见的景象和新鲜的声音：青蛙、蟋蟀、蜘蛛，还有咆哮的狂风等等。我在非洲迎来了快速成长的阶段，每天都要骑着自行车到5英里外的公立学校上课，学校的课程设置完全参照英国的模式，还有各种体育运动，睡觉的时候要用蚊帐。

学校施行种族隔离制度，并且男女分开。北罗得西亚的种族隔离制度并不像南非那样严苛，但咖啡厅、餐厅和酒吧是只允许白人入内的。白人和黑人都可以在大部分商店购物，而黑人有自己偏爱的购物场所，因为他们的居住区域跟白人是分开的。黑人区的很多商店是印度移民开的。

卢萨卡当地仅有一家报纸，也只有一家电影院，到了周末我们会去那儿看电影。没有电视，晚上我们就听收音机，通过英国广播公司（BBC）了解新闻。周日晚上，葡属东非（今莫桑比克）有一家电台会播放排名前20的流行歌曲，而收听体育新闻则需用短波。

① 1英亩≈4050平方米。——编者注

如果想听最新的流行曲目，可以花一点儿钱买每分钟 78 转的唱盘。在卢萨卡城外几英里的地方，偶尔还能看到野生的狮子。

这里的居民一贫如洗。大部分北罗得西亚的非洲人都衣衫褴褛，赤脚走路。不过综合来看，当时那里的贫困现象并不像现在非洲的某些地方那般严重。如今，很多人从贫瘠的乡下迁移到城市，在摇摇欲坠的贫民窟勉强度日。

虽然这里的人穷困潦倒，但他们非常友善，也很快乐，这让我着实惊讶。似乎他们对生活并没有觉得不满。不知是不是因为社会结构相对合理，这里的人们都过着安宁平和的日子。然而，那些受过教育的赞比亚人开始不满于现状，要求独立的政治呼声不绝于耳。赞比亚最终于 1964 年独立，同非洲的其他国家相比，北罗得西亚的自由抗争并没有破坏性，也并不激进，因此很多欧洲的移民也开始支持这一运动，其中就包括我们。

北罗得西亚有很多部落语言，学校里的官方语言是英语，所以在校的非洲孩子也都讲英语。因为当地部落之间的语言差异很大，因此无论是在彼时还是此刻，政府的官方语言一直是英语。我的父母和我都学了一点儿当地的切瓦语（Chinyanja），也叫尼昂加语（Nyanja）。虽然不够精通，但是遇到不会讲英语的原住民，我们也能进行简单的交流，但这仅限于讲尼昂加语的区域。

在学校里，我第一次遇到了南非的白种人，他们是荷兰人的后裔，随着岁月的推移，他们形成了自己的语言，叫作南非荷兰语。每当课间休息的时候，我们就一起玩一种叫“博克—博克”的游戏，这个游戏有点儿野蛮，几个男孩子搭起一个人体隧道，其他人就用力往他们身上跳，压倒了就算赢。

当然，生活在非洲，吃苦是在所难免的。我经历过中暑、痢疾，后来还患上了疟疾，因为天气炎热却没有空调。不过，总体来说我在这个新环境的成长还是健康的。父亲也一样，他非常喜欢自己的新工作，而且很快融入当地的群体中，活跃在橄榄球场上。他十分热衷于培训非洲人，希望他们能够成为指纹专家，这在他的白人同事看来根本不可能。直到 1967 年，父亲从赞比亚警署正式退休时，他交出了一份让人惊讶的答卷——他成功地培养了 20 名训练有素的当地人，在指纹处任职。同时，他的继任者也是他培训出来的学员，后来还当上了警署的副署长。当时，父亲所在的部门是警署里唯一一个由清一色的赞比亚人组成的部门。

相比我们，母亲却开始感觉到生活乏味无趣。她只能待在家里跟用人一起料理家务。我大部分时间都待在学校，父亲在上班，母亲很快就开始思念家乡。最后，苦于无所事事，母亲去了一家公办的药房做文职。但她依然觉得度日如年，每天掰着手指数日子，等三年的合同到期，我们就可以有 6 个月的法定假期，回到贝尔法斯特度假。

在非洲，我第一次萌生了做一名企业家的想法。我在院子里种起了玉米，烤熟之后，让家里的园丁在午餐时间拿去卖给工人们。我还给这个园丁发工资，可以说这个园丁是我的第一名雇员，在卖玉米的事情上他一直对我言听计从，因为我觉得让他做了分外的事情，是应该多给他报酬的。

1957 年夏，让母亲望眼欲穿的假期终于到了。我们举家重返贝尔法斯特，那年我 13 岁。贝尔法斯特那边的朋友们见到我都觉得很失望，因为他们觉得我在非洲生活了三年应该晒得很黑，而我却跟当年离开时没有什么两样。

我们先探望了亲戚朋友，然后回到家中。我依然记得晚饭时父母的对话。母亲说亲戚朋友们都变了很多。父亲的回答让我记忆犹新，他说：“不，亲爱的，不是他们变了，而是我们变了，我们再也不是从前的模样了。”父亲的这句话说得实在在理。

我对非洲的感情开始变得越来越深。在贝尔法斯特度假期间，我看到了一则关于卢萨卡的报道，于是我给英国广播公司写了一封信表示不满。在那个节目中展现的都是卢萨卡的旧城区，这片面的取景将这座城市描绘成了一片黄沙漫天、尘土飞扬的不毛之地。“卢萨卡要比你们镜头下的漂亮得多，”我在信里写道，“我父亲拍了很多关于卢萨卡的漂亮影像，如果你们需要，我相信他一定会借给你们的。”

我的父母对此事毫不知情，直到英国广播公司邀请我去他们的制作中心录制节目，并承担我到伦敦的往返机票费用时，父母都惊呆了。1957 年 6 月 30 日，电视台播出了一档名为《从卢萨卡来的男孩》的节目，我作为嘉宾参与了全程录制。在节目中，我为自己的新家乡正名，还为父亲在卢萨卡拍的片子做了解说。能够上英国广播公司的电视节目，我觉得非常荣幸。紧随其后出场的是伊丽莎白女王的丈夫，也就是爱丁堡的公爵菲利普亲王，他介绍了国际地球物理年的相关情况，在那一年共有 67 个国家联合进行大规模的科研活动。正是因为菲利普亲王的出席，让这档节目的收视率获得了新高，我也算是沾了光。

回到卢萨卡我才知道，我参加电视节目的事竟然上了当地报纸的头条新闻。我还得到了市政府的嘉奖，市长为我颁发了奖章，那是一个盾形的城市纹章复制品。同时，全市议员都悉数签名了一封表彰信，也由市长亲手递交给了我。这封信里写道：“我们会铭记你对卢萨卡的自豪感以及你表现出的公民意识。”

渐渐地，我爱上了非洲。三年之后当我的父母再次回到贝尔法斯特休长假时，我并没有跟他们回去，而是选择寄宿学校留在了卢萨卡。

当时我选择的学校名为吉伯特兰尼学校，这所学校采用的是英国教育体系，我成了那里的一年级学生。他们习惯性地将新生称为“差役”，从字面意思就不难看出，在入学的一段适应期中，新生必须自己学着叠衣服、收拾床铺，还要替别人做一些杂事。在校期间我也参与了很多体育活动，比如橄榄球、板球、网球还有足球。那时，我希望毕业之后可以当一名地理老师或者历史老师，放假时我也会去杂货店打零工。此外，我有一个朋友的父亲开了一家服装店，这也让我很感兴趣。在校期间，我还第一次担任了职务——学生宿舍管理员。这样的职位在全校只有 4 个，这是学校的惯例，目的是培养学生的竞争意识。

中学毕业后，我被开普敦大学录取，卢萨卡市政府奖励了我一笔奖学金，我想有一部分原因可能是我曾在英国广播公司捍卫过这座城市的声誉。此后，我差点儿走上了一条偏离正轨的道路，如果没有及时扭转，我就不可能成为可口可乐公司的首席执行官了。

在开普敦大学，学生入住公寓之初有一种仪式，要求每一个男性新生每天清晨必须穿着内衣走出公寓，还要带一只活的动物。这种过分的表演完全暴露在同样住宿的女生面前，每天这个时候，女生公寓的窗前就站满了挤眉弄眼的姑娘们。男孩子们手里牵着各式各样的动物，有狗、牛、马，只有你想不到的，没有见不到的。虽然这种仪式愚蠢至极，但由来已久。我跟几个同学发现学校附近的牧场里养了几只羊，所以有一天晚上，我们几个人就开了一辆破旧的庞蒂克汽车，准备用它抓羊，以供第二天的表演之用。牧场主每到晚上的时候就将这几只羊锁在一间仓库里，于是我们便砸开了锁，抓了 4 只羊塞进了那辆破车。为了能把羊装进去，我们事先已经将车的后座拆了。回来的路上遇到了红灯，当时恰好有一名妇女在过马路，无意间往车里看了一眼，刚好看到我们 4 个人和 4 只羊。看到我们跟羊挤在一起的狼狈样，可能出于安全考虑，她呵斥了我们几句，她沉着脸，耷拉着下巴，看着我们的蠢样，绿灯一亮，还没等她反应过来，我们就踩了一脚油门飞奔而去。

第二天仪式结束之后，我们赶紧把羊“完璧归赵”。后来也有别的学生去牧场偷羊，但没有得手，反而被抓住了。警察把他们带走了，告诉他们只要说出还有谁到牧场偷过羊，就不起诉他们。我们很主动地承认了错误，偷羊那会儿压根儿没有意识到问题的严重性，这可是盗窃罪，会被起诉的。再到后来，问题果真严重起来，最后由一名法官出面撤销了这起案件。后来我们才知道，这位帮我们出头的法官是我们的学长，当他作为一名新生入校之时也被迫参加过同样的仪式，所以他十分理解我们的处境。因为事情比较恶劣，作为对我们的处罚，大法官的副手给我们的家长分别写了一封信。我的父亲是一名职业警官，对此他特别生气，好在我最终躲过了一劫。那位帮我们撤诉的法官后来成为南非司法界的资深专家，最近在一次晚宴上我碰巧与他坐在一起，虽然事情已经过去很多年，他也已是白发苍苍的耄耋老人，可他依然清晰地记得这件事情，并坦承当年为了平息这起诉讼案费了不少力气。

我在开普敦大学公寓住了三年，在这段时间里，我一直喝着百事可乐。在当时的南非，开普敦是百事可乐的大本营之一。在校园里，百事可乐绝对是软饮市场的主宰者。在卢萨卡的时候，我只喝可口可乐，但上了大学，就只能随大溜开始逼着自己喝百事可乐。

一旦出了校园，我还是会选择可口可乐，对我而言，可口可乐的影响力确实根深蒂固。时隔多年，如今，可口可乐在开普敦的销售异常火爆，这要感谢福布斯家族，他们把南非这个原本已经疲软的市场变成了如今可口可乐的超级市场，销售的火爆场景已是百事可乐所不能及的。

在学校里，我是橄榄球队的成员，那时我的身高已经达到1.96米。在体育运动中，受父亲的影响，我最喜欢橄榄球，这项运动对我培养团队精神和勇气大有裨益。每年冬天，我们就在整个南非打巡回赛，球员们之间建立起了深厚的友谊。今天，只要到了南非，我依然会尽可能安排时间去见一见当初的队友们。

也是在南非这个地方，我开始对社会学产生浓厚的兴趣，希望将来可以成为一名社会福利工作者。要实现这个理想，必须具备丰富的实践经验。为了积累经验，我开始到开普敦的贫民区，去寻找那些在红十字会儿童医院接受过烧伤治疗的病人，进行后续的回访工作。贫民区的人习惯在周五晚上喝酒，有些已经做了父亲的男人喝多了回到家里会跟家人打架，很容易把炉子或者油灯打翻，一不小心就把孩子弄伤了。因此，我到贫民区做个案研究，确定这些为人父者是不是真的有家庭暴力倾向，并判断这些家庭能否继续维系下去。这种深入探索的工作持续了6个月之久，很多时候，这份工作让我觉得压抑又痛心。

读书期间，我入选了学生会。1964年我成为校刊编辑，开始撰写评论文章抨击政府的种族歧视行为，例如他们试图将开普敦大学变成纯白人学校，开除在校为数不多的非白人学生。尽管彼时在校生中白人学生的比例已经占到95%以上，但当地政府依然不满足，他们希望把开普敦大学变成100%的白人聚集地。所幸，他们的这种想法从来没有实现过，如今的开普敦大学已经发展成一所典型的多种族高校，世界排名跃居第105位，是非洲排名第一的高等院校。

“开普敦大学是白人反对种族隔离的温床。”休·科本如是说。他是我的同学，也是橄榄球队的队友。他说：“那时候，正是在南非得到最自由的思想教育和熏陶的时间。”

科本还能清晰地记得南非的保安警察坐在杰克·西蒙斯教授的课堂上，期待着他讲出具有煽动性的话，因为这位教授经常会讲一些类似的东西，曾经还为此坐过牢。他一坐牢，学生们就会把监狱团团围住，要求释放教授。其中有一个学生是南罗得西亚白人农场主的儿子，现居住在美国旧金山。

我反对种族隔离的观点其实会跟橄榄球运动员的身份相冲突。橄榄球是南非白人的民族体育运动。我记得一次比赛结束之后，场地隔离栏外面的一名警察走过来问我：“你的脑袋没有坏掉把？我还以为你是我们的战友。”他简直无法理解身为俱乐部正式成员的橄榄球运动员怎么会反对种族隔离。“当心点儿，我们会盯着你的。”临走前，他还警告了我几句。同年年底，我的住所遭到了保安警察的突袭检查，他们本想在我家里找到一些煽动性的资料，结果却一无所获。

一个跟种族隔离相关的问题让我陷入了两难。南非政府颁布了一条种族隔离相关的法令，校园里举行的所有舞会活动都必须严格遵守该法令。于是学生会也通过了一项决议，在政府同意舞会面向所有学生开放之前，绝不举办任何形式的舞会。但问题在于，有些舞会活动是学生健康和福利中心的学生为组织募捐而举办的，这个中心的宗旨是为开普敦温德麦尔区域的穷人提供卫生服务、廉价食品以及其他帮助。我做过社工，这样的援助对穷人来说是非常必要的。虽然我们过着无忧无虑的生活，但学生会与政府的这种抗衡势必会波及那些需要我们帮助的人。我认为抗议政府的法令应该寻求一种更为合适的方式，于是就与学生会里反对禁止所有舞会活动决议的少数人站在了一起。我是校园反对种族隔离组织成员中唯一持有这种立场的人。我顶着来自同龄人的趋同心理压力逆流而上，反对给需要帮助的人增设难题。即便到了今天，我依然不知道当时自己的观点是对还是错。

在我上大学期间，赞比亚正式脱离英国实现了独立。我为开普敦大学的赞比亚籍学生举办了庆祝会，那一天是 1964 年 10 月 24 日。在一家酒店大厅举行的庆祝活动一直持续到午夜，当时的英国大使也在现场，我们降下了英国国旗，然后第一次升起了赞比亚国旗，在场的人一起唱起了赞比亚的国歌。“独立高歌赞比亚，自豪又自由。”我相信这次款待贫困学生的免费啤酒会，会让大家铭记历史。

永远做最强的

虽然我学的是社会福利专业，但依然感受到了商海的诱惑。我的很多大学同学都来自约翰内斯堡和开普敦的富裕家庭，他们的父辈拥有自己的产业，他们住着豪宅，开着崭新的汽车来上课。反观自己，我连一辆车都没有，只能跟不同肤色的同学一起住在学校的公寓里。有时候我会觉得自己低人一等，甚至会对这种经济上的差距感到愤愤不平，可是更多的时候，我感受到的是自己内心深处渴望出人头地的强烈愿望。我是一名警察的儿子，可我一直坚信，在未来的某一天，我也会像那些同学一样，拥有同等的经济地位，有像他们一样的富裕家庭。

为了能赚一些生活费，让我的大学生活过得更好些，每逢周六我就会去一家服装店打工。店主雇用我并不是因为我对服装行业有多么了解，或者在销售方面有多么优秀，而是因为我是当地小有名气的橄榄球明星。开普敦大学有很多支橄榄球队，但水平参差不齐。1964 年我已经进入乙级联赛的校队，只是那年想要进入甲级球队似乎希望渺茫，因为我在球场上司职前锋，甲级球队中有两名球员稳稳占住了这个位置。在大学三年级时，有一家甲级俱乐部邀请我加入，前提是我离开开普敦大学校队。虽然那支球队不算很强，但毕竟跻身甲级。父亲知道这件事情之后建议说："我觉得没有必要非要为了进入甲级球队而选择一支不够强大的队伍，你要记得我说过的那句老话，'永远要做最强的'。"他的这番话对我日后的决策产生了非常重要的影响。当后来很多公司对我发出职位邀请的时候，我都做了认真的考虑，他们都没有可口可乐公司这样大牌，所以我都一一拒绝了。不得不承认，父亲是我这一生中对我影响最大的人。

我接受了父亲的建议，留在了开普敦大学校队，幸运的是，我所在的这支队伍在几周之后就进入了甲级行列。1965 年，南非开始从大学里选拔运动员，组队与阿根廷进行对抗赛，我被选入其中，这是我第一次见识到真正的一流比赛。

同年，我大学毕业，先在约翰内斯堡埃德加连锁店的一家分店做实习经理。6 个月之后，赞比亚的一家可口可乐装瓶公司向我伸出了橄榄枝。老板叫莫里斯·格什，是个犹太血统的立陶宛人，在"二战"期间纳粹对犹太人进行大屠杀时逃到非洲。那时他非常不幸，逃亡过程中甚至有一段路途是赤脚步行的。他一路跑到了赞比亚的第二大城市基特韦，在那里白手起家，并收获了自己在商场上的第一桶金。他还曾经当选过基特韦市市长，这件事情总是时不时地浮现在我的脑海中，就连我跟他探讨公司是否应该与周边社区保持联系这类商业问题时也不能例外。我跟格什的女儿蕾娜在大学时期是恋人，那是年少时一段最纯洁的爱情，可惜后来我们还是分手了，因为她的哥哥伯纳德娶了一个基督徒，家里为此闹得不可开交。后来，蕾娜嫁给了一位犹太医生。蕾娜的哥哥在梅奥诊所工作，是世界上最顶尖的心血管医生之一，我们的私交一直很好。事实上，最早要雇用我的人就是格什先生，考虑到我和蕾娜的关系有所不便，我拒绝了他的邀请。后来没有了这一层关系，没有了什么障碍，也不会再发生什么冲突，我便来到了他的公司就职。

赞比亚独立两年之后，我回到了故乡。赞比亚的第一任总统是肯尼斯·卡翁达，他既是一名社会活动家，也是一个人文主义者。他领导了非暴力的独立运动，从不仇视白人个体。不过他也炸过铁路和电厂，也造成过破坏。

卡翁达为了避免在种族问题上搞极端做出了很大的努力，在他看来，人永远是最重要的。1959 年，我 16 岁，地理老师邀请他到我们学校，那时他刚刚从监狱中被释放出来，我们一起吃了午餐。我一直以为他是一个脾气火暴、到处惹是生非之人，但实际上这个人看上去温文尔雅。我记得我还问他：“你为什么不对我们发火？明明是我们白人把你关起来的。”我已记不清他的原话了，大概的意思是说我们白人犯了错误，可正义站在他那一方，所以他大可不必为此恼火。他说如果他在意关押他的白人对他实施的虐待，那么他早就会放弃他的原则，然而以恶制恶永远不会成为他奉行的准则。

我的父亲也认识卡翁达，他除了是赞比亚的第一任总统，同时也是爱尔兰学会的名誉主席。每年他都会出席圣帕特里克节的舞会，这个舞会就是我父亲组织的，我的父亲是这个学会真正的主席。

我向来对卡翁达领导的独立运动持同情态度，但在这个国家独立之前，我也曾经很迷茫。那时白人居住区都组织了安保巡逻队，连父亲晚上也要出去站岗，还要巡视社区的安全情况。

1964 年，赞比亚终于获得了独立。卡翁达把赞比亚的许多工业都进行了国有化改制，包括有着巨大利益空间的铜矿业。我很幸运，软饮行业不在其中。那时，很多出于善意的领导人开始发起社会主义运动，但都没有成功，反而给社会造成了破坏，后来这场运动被一些非理想主义者利用，以服务于他们的个人利益。

卡翁达政府规定零售业只能由赞比亚公民经营，没入赞比亚国籍的长期居民只能做批发，这些人大部分都是在赞比亚居住了 10 年甚至更久的白种人。如今，赞比亚依然延续着这项政策。

坚持做对的事情

我在穆富利拉小镇上做实习经理的时候，管理着一个由两辆卡车组成的可口可乐供应站，给超市、酒吧和餐馆供货，年薪 1100 美元。

虽说有两辆车，但其中一辆总是闲着，因为我的手下只有一名推销员。我请求上司再雇一个人，他们却不答应。于是我便申请了商业驾驶执照，开着载重 10 吨的卡车到各个站点送货。这样一来，客户数量得到了明显增加，一年之内，销售额迅速增长了一倍。体力活带来的好处就是能保持身体健康，这对打橄榄球也有好处。不久，我就入选了赞比亚国家队。

当时，英国对罗得西亚进行了经济封锁，所以赞比亚的燃油只能采用配给制。1965 年英国颁布了《通用独立宣言》，旨在保证白人在这些国家的统治地位。为了报复英国的禁运政策，罗得西亚中断了从莫桑比克港口向赞比亚输出石油及其他消费品的铁路运输，因为罗得西亚是南非非洲人国民大会（简称“非国大”，是反对在南非实行种族隔离的组织）的基地，而赞比亚是英国的同盟国。

为了给这两辆卡车足够的燃油，我要在漆黑的深夜，带着现金走土路前往刚果边境，买回 24 加仑一桶的柴油，这种危险的事情我每周都要经历两次。严格来说，这是非法的，但这种冒险却保证了可口可乐供应站的正常运营。

辛勤的汗水得到了回报，不久，我就被任命负责基特韦一处更大的配送站，这个配送站有 8 辆卡车。此外，我还获得了 100 美元的奖金，在当时，这可是我一个月的薪水。

在赞比亚拓展可口可乐市场需要付出艰辛的努力，还会面临很多危险，因为需要在一条被称为“死亡之路”的道路上往返奔走。这条路贯穿赞比亚、坦桑尼亚和达累斯萨拉姆港口。由于《通用独立宣言》的颁布，罗得西亚的边境已被关闭，这条“死亡之路”就成了车辆通行的主干道，沿途也出现了很多为卡车司机服务的小杂货店和餐馆。可口可乐主要靠一些零散的小商贩供货，因此，公司就派我和赞比亚籍的同事萨迪·姆维拉一起去探索这条路上的商业前景，看看是否适合将可口可乐的销售网扩大到这条路上。于是，我们两人就在一天上午开着一辆达特桑牌小货车前往这条“死亡之路”。因为路途遥远，到坦桑尼亚的边境要走大约 300 英里，我们在车尾放了两只装满沙子的糖果袋以保持车身平衡。

1966 年，《时代》杂志将这条“死亡之路”描述为“世界上最可怕的公路”，这里有让人头晕目眩、胆战心惊的急转弯，还有令人毛骨悚然的沙漠、沼泽。我的妻子总是埋怨我在土路上开车比在柏油马路上还要快，她说得对，我的这个习惯就是在这期间养成的。在这样布满了车辙和小沟小坎的土路上，车速一旦快了，就仿佛脱离地面飞起来一般。

这条“死亡之路”路况极差，开快车要远比在一般土路上危险得多。在罗得西亚的铁路关闭之前，几乎没有人走这条路，可一夜之间这里就挤满大大小小的卡车。车一辆接着一辆，如果赶上旱季，路上尘土飞扬，司机就像盲人一样什么都看不到，只能硬着头皮往前开。好在路面并不泥泞。

一路上，大部分时间萨迪都让我来驾驶。我承认，如果我是乘客，我会被自己开车的速度吓个半死。当时我还年轻，有股天不怕地不怕的劲儿，那时候我一定经历了数不清的危险，好在运气不错，从来没有发生过事故。

在距坦桑尼亚 125 英里处，我们停在一个叫姆皮卡的小镇过夜。那时天气特别热，我们大汗淋漓，疲惫不堪，走进旅馆的时候，发现虽然我们预订了两个房间，但是架不住这条路火爆，整个旅馆只剩下一个房间。更可怕的是房间里只有一张床，虽然是张双人床，但是年久失修，床面明显变形，中间凹陷了下去，就像一只碗一样。这就意味着，如果我们一起睡在这张床上，我们俩就会一下子滚到中间，挤在一起，况且萨迪跟我一样都是大个子。我们问旅馆有没有垫子之类的东西可以放在脏兮兮的水泥地板上当床用，答案是连这样的垫子都没有。最终我们只好“亲密”地挤在一张床上。疲劳是最好的安眠药，我们俩一沾床就呼呼大睡，一动不动地一觉到天亮。

吃的跟睡的比起来半斤八两。睡觉之前我们去了旅馆的餐厅，想喝一杯赞比亚啤酒，再美美地吃上一顿。可是看到菜单的那一刻，我们的希望就破灭了，可以选的食物很有限，几乎没有什么东西，所以我们只好点了普通的牛排和薯条。牛排端上来的时候颜色发暗，灰灰的像铅一样，餐刀怎么切都切不动。不是刀子不够快，而是肉质实在太硬。我们俩费了好大的劲儿，才从肉的边角上切下来一小块，可是放到嘴里却怎么也嚼不烂，最后我们只能悻悻地把牛排放到一边，喝啤酒配面包勉强果腹。

第二天早上，我们又冒着风险点了牛肉、鸡蛋和薯条。薯条受潮了没有什么口感，我们只好祈祷早餐的牛肉不要像前一晚那么糟糕，可牛肉一端上来我们就觉得这个场景似曾相识，边上还被切掉了一块，这不就是昨天被我们放弃的那一块吗？我们只好吃了些鸡蛋和薯条，不管怎样，这两样东西还是有些营养的。

早餐之后，我们又开始了一天的行程。这次我们离开了“死亡之路”，绕了 30 英里去参观卡桑卡附近的一座纪念碑。英国探险家戴维 · 利文斯通的心脏就埋葬于此，他身体的其他部分被运送回了英国，埋葬在伦敦的威斯敏斯特教堂。我们还参观了位于鳄鱼湖畔的那座巨大的希瓦恩甘杜庄园，这处房产是英国贵族斯图尔特 · 戈尔–布朗于 1914 年建造的。不知道你们能不能想象，我们在非洲灌木丛中看到这处雄伟壮观的英式建筑群时有多么震撼。里面有修建整齐的花园和教堂、阔气的房屋，餐厅里摆放着漂亮的柚木餐桌和银质烛台，图书馆里收藏着皮革封面的文学经典。戈尔–布朗原本是北罗得西亚的议员，20 世纪 60 年代早期倡导北罗得西亚独立，让英国外交界一片哗然。到了晚年，他促使英国政府就独立问题采取了少数服从多数的原则。

与合作伙伴的矛盾

在赞比亚，我亲身体会到了人们口中可口可乐装瓶公司与可口可乐公司之间的对抗关系。

基特韦装瓶公司的经理名叫查尔斯·哈钦斯，我们都叫他哈钦。他给员工训话的时候，总是让大家站到椅子上。真是难以想象，我这身高站在椅子上会是什么样子。可他就是这种风格，简直就是一个暴君、恶魔。这一套在短时间内我还能忍，时间久了我自然受不了。

哈钦对可口可乐公司没有丝毫好感。有一次，可口可乐公司派了一名新的代表过来，名叫莱昂内尔·科克。科克首次与哈钦会面之前，哈钦对我说："我要让你见识一下。"科克到了之后，哈钦坐在办公室的桌子前，我就站在他身边。房间里没有第二把椅子，科克只能同我一样站着。哈钦的用意再明显不过：你要知道在这里谁才是老大。

科克作为可口可乐公司的代表，主要工作就是要让装瓶公司扩大销售量，可惜"上"行"下"却未必会效。哈钦没有陪科克到基特韦市场销售部去视察情况，反而对科克说："外面有辆卡车，你想怎么用就怎么用吧，你想去哪里就自己去吧。"科克没有办法，只好自己开着卡车四处跑，到下面的售货点查看了三天。这两个人还玩起了游戏，客户把科克的一举一动如实反馈给哈钦，而科克也想尽办法从客户的表现和市场销售情况收集信息。最后，科克做完调研来向哈钦辞行，这次哈钦为他准备了一把椅子。按照哈钦的说法，他们之间的关系其实是注定了的。但是反过来看，在这场较量中，科克才是赢家。后来，科克在我手下做事，他回忆起这段经历时说：

“想剥一只猫的皮，办法有的是。”

当莫里斯·格什雇用我的时候，就希望过几年由我来管理他的产业。刚刚入职的时候，我的直接上司是销售经理，这个人行事粗鲁，难以相处。从我在这里上班的第一天起，他便开始嫉恨我，一心认为我这个新来的是个有后台的后起之秀。所以，他从来不会放过任何一个刁难我的机会。其实他自己也很清楚，他在职场上已经走到头了，不会再有什么晋升的机会。尽管当时的形势对我百般不利，然而是金子总会发光，有能力便能克服一切困难。

1968年春的一天，格什把我叫到了他的办公室。他说：“内维尔，我知道这对你来说有些不公平。”我以为他要解雇我了。他接着说：“我觉得你的能力远不止于此，我相信你的能力足以管理一家大型跨国企业。”听到这样的评价，我非常惊讶，那时我才24岁，除了管理基特韦的装瓶公司，还不敢有大的奢望，我觉得能管理好一家装瓶公司就很不错了。在我的经历中，别人很多次在我身上看到了我自己看不到的东西，他们对我的评价要远高于我的自我认知。所以，这不是我最后一次听到这样的称赞。

可口可乐在非洲的领导叫阿尔·基里恩，是一名美国人。他极力主张管理人员的年轻化。他要来我们这里的前一天，格什安排我和他见面。基里恩给了我新的使命，管理赞比亚另外一家大装瓶公司，这座工厂直接归可口可乐公司所有，负责卢萨卡以外所有的批发站，管辖范围一直延伸到维多利亚瀑布，东到300英里之外的马拉维共和国边境，西到200英里外如今的安哥拉边境。

没过多久，我就被调任到卢萨卡，职位有了很大的提升，公司还给我配了车，有住房补贴。从此，我便开始真正为可口可乐公司工作。我的父母还在卢萨卡，那时我的母亲得了重病。我得到了公司的嘉奖，第一次拿到了公司的股票期权，很可惜并没有赚到钱，因为20世纪70年代可口可乐公司的股票价格处于长期低迷的状态，我的这点儿红利也就成为泡沫。不过，这样的股票期权是公司对我工作的认可，我依然为此感到荣耀。到了我的事业后期，这份股票期权获利颇丰。

在回到卢萨卡数周之后，我经历了人生中最重要的一次会面。彼时，我作为赞比亚国家橄榄球队成员出赛，对抗一支名叫企鹅的球队。这在卢萨卡是件大事儿，到场的观众有数千人。可惜，我们最终以微弱的分差输掉了比赛。赛后，我们在球队俱乐部的酒吧里喝酒，朋友和球迷们都认为我在球场上的表现非常出色。其中有个人叫科林·吉尔，事实上，我们早在中学时代就认识（我依稀记得，他还因为在学校里偷偷吸烟挨过打）。科林问我，有没有见过他的妹妹帕梅拉，我说还没有。帕梅拉在很小的时候就随家人从苏格兰移居到赞比亚，父亲是政府部门的工程师，家住在大约10英里之外的地方。于是科林就拉着我挤过人群去见帕梅拉。第一眼见到她，我便被她的美貌深深吸引，金发碧眼，肤如凝脂，修长的双腿藏在短裙之下，脸上挂着甜美的微笑。我们聊了一小会儿，我就陷入对她的迷恋之中不能自拔，只是我很清楚几分钟之后我要回到球队去聚餐，可同时又觉得机会难得，于是我试着约她在5天之后看电影，之后便心不在焉地与球队的朋友共进晚餐。大概两个小时之后，我又折回来继续参加庆典和舞会。我发现帕梅拉还在那里，自己一个人站着。接下来的事情可以说能载入我的人生史册！我找到了终生的伴侣和挚爱，她不仅美丽大方，而且是最支持我、最理解我的人。没有她、没有她的支持，我可能无法取得如今事业上的成就。

但当时的事情有些复杂，她那时已经结婚了，跟身在罗得西亚的丈夫分居，现在回到卢萨卡和父母住在一起。

在20世纪60年代的非洲，尽管英国卡尔纳比街的时尚产品和流行音乐已经传了进来，但是人们的思想还是相当保守。我们相处不久之后便开始了同居生活，这在当时可算是犯了大忌。此外，我还在可口可乐装瓶公司给她安排了一个职位，让她给我的上司当秘书。出于礼节，在公司她叫我艾斯戴尔先生，上下班也是各自行动。其实大家早就知道了我们的关系，直到后来我晋升为经理，她开始为我工作。

当时主管非洲西部、东部和中部业务的负责人是托尼·扬，他对我的事业发展起到了重要的推动作用。他私下曾经劝诫我说公司的人都很保守，“这会影响你的前程”，他苦口婆心，我很清楚他指的是我和帕梅拉的关系。

那会儿我年轻气盛，听不得别人批评，对此我回应道，没关系，如果需要的话，我可以辞职。托尼很冷静，说我这样就有些小题大做了，但是也要求我务必注意这件事情的影响。

在卢萨卡可口可乐装瓶公司工作的日子里，我一直四处奔走，很多时候都是驱车奔波在状况很差的公路上。有一次，公司让我开车到卢萨卡北部的卡布韦机场接基里恩，一起调查当地的市场情况，他乘公司的飞机过去。很不巧的是我的车还在维修，于是我便开了同事的车前往。罗得西亚的边境依旧关闭，所以汽油只能用油罐车从陆路运送过来，运油车常会出现漏油的情况，经过的路面就会变得异常滑。我一时间没有控制好车身，车子突然打滑翻进了沟里，然后又撞到了一棵树。我被甩到后排座上，最后不得已踢碎了玻璃才从车里爬出来。

基里恩在机场转来转去，过了很久依然不见我的人影，他感到很纳闷，最后不得已又飞回了卢萨卡。他既气恼又奇怪，不明白为什么这个年轻的下属这么不靠谱，竟然放他的鸽子。

我站在路边伸手截车，说来也巧，第一辆过来的车上就坐着一个熟人。他开车把我送回了卢萨卡。我当时浑身是血，还摔成了脑震荡，一到卢萨卡便被送进了医院。基里恩听说我受了伤，立刻不再生我的气，反而对我充满了同情，我总算没有因为这件事情丢了工作。可是，同事的车却报废了。

我巡查了管辖的所有供货站，寻找扩大销售业绩的机会。在这期间，我发现东线市场的供货严重不足。这片市场绵延 300 英里，可是只有 30 英里是柏油路，其余路段都是坑坑洼洼的土路，还要穿过一片灌木丛。商店的老板们只能开着小货车到离他们最近的批发商那里取货，一路非常辛苦，成本又很高，所以市场上的可口可乐产品非常紧俏。于是我计划建一个新的供货站，这样就可以绕过批发商，把货品直接送到中心城市奇帕塔的商店去。但公司并没有通过我的提议，因为在预算中没有这一笔开支，让我另想他法。

于是，我建议让我的父亲出面，在奇帕塔开一家供货站，由他做批发商。公司同意了这个方式，而且出人意料地答应给我该批发站 50% 的股份。我们从银行贷了款，父亲也出了一部分钱，在奇帕塔租下了一个仓库，买了两辆卡车。我每个月抽出一个周末从卢萨卡驱车 300 英里到奇帕塔盘货，给员工发工资。这个地区可口可乐产品的销量很快就提升了 150%。公司当然非常满意，同时我也从这个副业中赚到了钱。

与此同时，我和帕梅拉还开了一家化妆品商店，从英国进口芮谜（Rimmel）品牌系列产品，空运到卢萨卡，这样就可以避开罗得西亚禁运造成的麻烦。这个想法源自可口可乐公司的营销策略——务必确保货源畅通。结果芮谜在赞比亚的化妆品市场逐渐成为第二大畅销品牌，仅次于露华浓。除此之外，我还买下了一家小型粉刷公司，专门为外国使馆服务。这家公司的业务非常稳定，没有任何风险，因为使馆的工作人员三年一轮换，每个新来的外交官都喜欢把自己的办公室和居所粉刷一新。基于这些营生，我的副业收入比我在可口可乐公司的薪水高出了一倍。

1969 年，帕梅拉离了婚，我们俩告诉母亲帕梅拉已经答应嫁给我了。母亲对此很高兴，她也觉得是时候该结婚了，因为母亲也比较保守，不认可我们同居的相处模式。

1970 年 1 月 10 日，我们在赞比亚举办婚礼，然后到马拉维湖度蜜月，路上经过的第一站就是我在奇帕塔的可口可乐批发站。我给工人们发了薪水，之后盘货、计算收入，这让我的新婚妻子在车上足足等了我两个小时。从一开始我的婚姻就是这样的状态，这种情况一直延续了几十年，我们夫妻二人的生活中掺杂着种种辛勤的劳动和冒险。在马拉维边境，哨兵扣留了我们两个小时，想让我们给些贿赂。我只好编了个谎话说第二天要跟马维拉的总统海斯廷斯 · 卡穆祖 · 班达会面，这样才得以放行入境。

放弃舒适区

1972 年，我被阿尔 · 基里恩调到约翰内斯堡。显而易见，这意味着我以后会在全球各地流动作业。当然这件事情需要得到我的同意。我该做决定了，是留在赞比亚做小河里的大鱼，还是去世界各地发展？我选择了后者，我卖掉了公司以外我所经营的产业，放弃了安稳的生活，选择了继续冒险。

临行之前，恰逢巴西的狂欢节，我和帕梅拉决定先去那里度个短假。在巴西，我接到了一个电报，通知我不需要到约翰内斯堡报到了，而是返回卢萨卡。我觉得这是个坏消息，猜测自己可能被解雇了。在假期的最后两天里，我和帕梅拉坐在沙滩上反思自己究竟犯了什么错。直到回到卢萨卡我才知道，其实只是工作安排上发生了一点儿变化，到岗时间被推迟了而已。

当时从赞比亚出境，每个人可以带的钱数量有限。我发现这条法律规定其实有漏洞可钻。那时我刚好安排了一支阿根廷橄榄球队来卢萨卡与赞比亚国家队打友谊赛。尽管事情是我组织的，但赞比亚球队却不允许我上场参赛，因为我不久之后就要离开球队去南非了，以后也不会跟他们一起战斗了。说来也巧，阿根廷队里有一位队员出车祸受了伤，而他们又没有替补队员，于是就让我作为阿根廷球员上场。这可惹恼了赞比亚人，尤其是阿根廷队获得了最终胜利。不过，我的脑子里闪过了一个与比赛无关的念头。阿根廷队带来的全是旅行支票，我可以用赞比亚货币把这些支票全部换过来，然后把支票藏在相机套的夹层里带到南非。还有一点，赞比亚允许公民开私家车出境，于是我就花了两万美元买了一辆双排座的梅赛德斯奔驰轿车。车是从德国进口的，我可以合法地将车带到南非去，但可惜这样一来我就没有钱买保险了。到任新的工作一定会非常繁忙，所以我们决定由帕梅拉和她的父亲开车送我过去。到了罗得西亚的边境，海关发现车里有一本禁书，就威胁要没收我的车。这可是我当下所有的家当，好说歹说最终他们只没收了那本书。后来帕梅拉在途中开车穿过一片树林时，被一群大象团团围住，一度没有办法离开。终于到了南非边境，我们遭遇了更多麻烦，费了九牛二虎之力总算把车安全地开到了约翰内斯堡的车库。那里的法律规定，我们在 6 个月内不得出售这辆奔驰车，而且在这段时间内也不能驾驶这辆车，只能偶尔发动一下给电池充电。最终，我给这辆车找到了买家，就是我在可口可乐公司的新老板，也是我当初没有在卢萨卡机场接到的人，阿尔·基里恩。用这笔钱，我们在约翰内斯堡安置了第一个位于海外的家。从此，我就再也没有回到赞比亚生活。

不得不承认，从阿尔斯特搬到非洲成就了我，让我有了探索整个世界的欲望。

Inside Coca-Cola

第二章
坚守企业文化

深挖问题根源

这一次调任让我彻底离开了赞比亚，那是一个小国家，人也懒洋洋的，脱离白人统治的方式也不激进。而当我来到非洲的经济中心时，就卷入了当时种族冲突的剧烈旋涡之中。

南非是非洲撒哈拉沙漠以南最大、最富有生机的经济强国，约翰内斯堡至今依然是非洲的金融中心。南非也是非洲大陆上为数不多的几个顽固反对黑人执政的国家之一，虽然黑人占据其人口的大多数。这里的政治气氛非常恶劣，对此我事先已经采取了预防措施，让公司确保我在南非居住和工作的权利，因为我担心此前在开普敦大学参与过的政治活动会对我产生负面影响。

我到任之时，正值全世界反对种族隔离运动发展得如火如荼之际。更有甚者，1976 年的夏天还爆发了索韦托骚乱，伤亡达到数百人。那时的我只是一个年轻的商人，在这样一种环境下发展是我面临的最大挑战。

不得不承认，那是一段非常艰苦的岁月。回首往事，我发现虽然日子过得艰苦，但那9年却是我家庭生活最幸福的时刻，因为在1978年，我亲爱的女儿卡拉出生了。

我先是在约翰内斯堡可口可乐装瓶公司的总经理手下做助理。这是世界上最大的可口可乐公司直属的装瓶公司。我的职责范围界定得不是很清楚，因为这个职位是阿尔·基里恩指定的，实际上他是想要做培训工作，这是可口可乐首次在南非设置这样的岗位。

初期，南非的白人对公司管理人员态度非常冷淡，他们大多是在非洲的荷兰人后裔。在他们眼中，我是个英国人，不是爱尔兰人。他们的先辈曾经跟英国人对战了两年之久，虽然这场战争已经过去了几十年，但战争造成的阴影依然笼罩着他们，挥之不去。

我到任三个月之后，公司配备的车还没有到位，我只好开着一辆破旧的二手车跑来跑去。不管我下达什么指令，那些荷兰血统的白人一定会跟我对着干，以此来显示他们的力量。

直到后来，破冰的是一场橄榄球赛。当时我在一家讲英语的橄榄球俱乐部打球，公司里的两名南非白人（都是高管）看到我在伊利斯帕克体育场和他们喜爱的一支球队对阵。次日，我们之间的氛围完全不同了，南非白人开始赞扬我在球场上的表现，很长一段时间，公司里的同事都在讨论那场球。很快，我的新车就到位了。橄榄球在南非白人心中占据着重要的地位，南非前黑人总统纳尔逊·曼德拉深谙其道。当选不久，他就向南非的白人橄榄球队抛出了橄榄枝，因为这绝对有助于国民的团结。这件事情在电影《成事在人》中得到了淋漓尽致的诠释。在这部影片中，曼德拉和球队队长建立起友谊，成为体现人类领导艺术和民族团结的里程碑事件。

我到装瓶公司上任的第一项工作是检查库存管理情况，这是件很棘手的事情，因为公司里的很多部门为了保持账目的收支平衡会造假账，而库存管理就是其中至关重要的一环。在当时，可口可乐产品的包装基本都是玻璃瓶，造价很高，所以很多零售商都要收押金。顾客每买一瓶可乐，支付的费用里就包含了瓶子的押金，喝完之后要把空瓶子送回来，然后店主退还押金，所以厂里总有一定数量的玻璃瓶消失不见。有些雇员会把空瓶子偷走，轻而易举地就可以在外面换押金赚钱。此外，在生产过程中，装车的时候，瓶子也会有破损的情况。我的任务就是查清楚瓶子出现破损和丢失的真实情况。于是，我开始深挖问题的根源，制定了严格的检查程序，比如每天对破损的瓶子进行称重检查，计算破损的瓶子数量。三个月之后，我揪出了一个造假团伙。很多人因此被解雇，不过公司的损失也下降了六成。公司每天要使用近百万只瓶子，所以这绝对是件不小的功绩。后来，我说成功的装瓶公司不应该浪费一分钱，这就是其中的一个例子。

出色完成第一项工作后，总经理弗雷德·迈耶，一个有着德国血统的南非人，对我放下了防备之心，开始产生信任。接下来，我又接手了一系列类似的棘手工作。9 个月之后，公司高层进行了一次重大改组，负责南非全国可口可乐业务的伊恩·威尔逊被调到了加拿大，他也是个南非人，接替他的人便是迈耶。

坚持立场

装瓶公司的新任总经理是内维尔·柯奇曼，而我则成了公司的市场经理。这个职位责任重大，很容易招致非议，以往都是来自德班或比勒陀利亚的市场经理才有资格当选，我晋升之后，德班那边的市场经理便辞职了（虽然我们是好朋友）。这就少了一些麻烦，因为约翰内斯堡这边的销售总经理归我管，他向我表示他希望可以取代德班的市场经理。于是，我派他去了德班。就这样，“内维尔一世”（这是后来大家给柯奇曼的称呼）和“内维尔二世”（就是我）在工作上结下了深厚的友谊，从此，我又多了一位良师益友。

我永远不会忘记我第一次在约翰内斯堡，在公司所有负责市场营销的人员面前讲话时的情景。偌大的会议室里挤满了人，市场团队共有 300 人，到会的是其中较为资深的 60 余人。当时我只有 31 岁，是会议室里最年轻的。谢天谢地，我站在一个讲台后面。我记得自己紧紧地抓着讲台，两腿发软，先是右腿打战，接着是左腿发抖，两条腿交替着抖个不停，我知道这就是怯场。我这一生都是如此，随着岁月的推移和时间的磨砺，怯场这个毛病变得好了一些，但始终没有改掉。助理也看出了我的紧张，因为讲话之前我不停地去卫生间。

在我的职业生涯里，这是一段坎坷却令人愉悦的经历。回首过往，这段岁月非常重要，是它造就了我。有一次，可口可乐公司的总裁卢克 · 史密斯来约翰内斯堡视察。我自豪地让他看了一段全新录制的泰波饮料的电视广告，这是可口可乐全新推出的一款低卡路里饮品。画面上有两个漂亮的姑娘在打球。

“这个广告不能用。”史密斯对我说。我问为什么，他说那两个打球的姑娘中有一个用的是威尔逊牌球拍，威尔逊在当时是百事可乐旗下的一家公司。可是我还是不能理解。他告诉我可口可乐和百事可乐之间的竞争异常激烈，可口可乐的高管们甚至在正式的会议纪要里称百事可乐是“冒牌货”。这是一个很典型的例子，说明公司在海外的基地是多么孤陋寡闻，对世界上发生的事情有多么不了解。

在我的从业经历中，我接触到了很多优秀的人，能与他们共事是我的荣幸。鲍勃·杜普莱西斯就是其中一位。他是位南非白人，我到约翰内斯堡的最初几周里，他一直对我很冷漠。我在约翰内斯堡就是接替他的职位做了市场经理。他在这里是一个具有传奇色彩的人物，从普通的推销员一路晋升为公司的高管，任何假账都瞒不过他的眼睛。那时，连锁经营的大型超市才刚刚出现，还不是我们的主要客户群。我们的主要供货对象还是那些在大街拐角处的便利店，这些便利店每周营业 7 天，基本上都是希腊人或者葡萄牙人以家庭为单位开设的。杜普莱西斯很讲信誉，在交接工作的时候，他带着我转了前 100 家销售业绩比较不错的店铺，对我的工作也相当支持，还指点我该如何跟这些人打交道。他当时对我的教诲我一直都记得很清楚，他说，最基本的做法就是要和蔼客气，但一定要坚持自己的立场，每隔一段时间可以给他们打打折。我也是在那个时候开始参加杜普莱西斯每周四晚上召集的网球比赛，比赛在他家灯火通明的球场上进行。体育运动最能展示一个人的品质。一次，沃伦·巴菲特提议“只要球压在线上，就算出界”。可杜普莱西斯却说：“那得是对手压线才行。”杜普莱西斯或许是我打球这么多年遇到的唯一一个双发失误后还要再发一次球的人，因为他发球时总是准备不足。

杜普莱西斯后来晋升为整个南非市场营销的管理人员。要说在广告宣传方面他也算不上有什么特长，但他为人机敏，还有点儿顽皮。当时，我们刚刚推出一款可回收的 500 毫升饮料瓶，外带一个可以重复封口的杯子。这是一个很棒的发明，市场反应非常好。我常常跟杜普莱西斯一起用午餐，一次，他约我早几分钟出来，说要审查一段宣传这种新型瓶装产品优点的广告词。广告公司事先给了他一份设计方案，他觉得这个方案并没有突出重复封口这个卖点，创意上也显得很平庸。我同意他的观点，认为这条广告需要好好斟酌一番。结果，面对广告公司的巧舌如簧，杜普莱西斯根本不屑一顾，他听了一会儿那些套话之后，说了一句:“这条广告就是垃圾，你觉得呢，内维尔？”我小声表示同意，因为我从来不会讲脏话。广告公司对接客户的项目主管之后又犯了一个错误，他辩解道，按照可口可乐公司的需求做出来的创意理应如此。“那就让我再给你一个需求吧，”杜普莱西斯急了，“看见那个盖子了吗？需求在这里。我给你24小时，把广告创意改好提交给我。到时候你要突出这个瓶盖，吹成是狗的睾丸，你听懂了吗？把它吹成是狗的睾丸！”广告公司的人吓得手足无措。杜普莱西斯又吼了一句:“只有24小时，过时不候！”广告公司的人离开之后，他终于忍不住哈哈大笑起来。虽然这并不是我的风格，但人都应该学会面对困难并克服它。第二天，广告如期而至，修改过的版本非常出色，从中能看到创意人员的用心。

经营的政治风险

作为一名市场经理，我常常要到约翰内斯堡的所有店铺视察，也包括像索韦托这种黑人聚集的城郊小镇。在实行种族隔离制度的年代，南非的黑人和混血总会想方设法离开他们居住的区域，到约翰内斯堡的其他地方去打工。可是在晚上宵禁开始之前，他们必须回到自己的住处，前提是他们得有通行证。

法律规定，黑人只能喝一种带酒精的饮料，是一种用玉米酿成的叫“优木葵木波西”（Umqombothi）的特色啤酒。不过警方对这项规定的执行力度并不大。黑人区到处是无证经营的名为“水滨”

的小酒馆，都是普通家庭开的。这些酒馆出售常规饮料，一般只有10~12个座位，最受欢迎的饮料之一便是威士忌配可口可乐。所以，我们就安排了销售代理专门为这些水滨供货，这就像酒贩子一样，雇人通过非法渠道推销我们的产品。在种族隔离的国度里，这是商业运营很典型的做法。

我想感受一下这种市场的氛围，但这些卖私酒的水滨只有到了晚上六七点钟，也就是上班族下班之后才开门。然而按照法律规定，我所持有的进入黑人居住区的许可证只能让我待到下午5点，所以，我只能偶尔超时在黑人区里光顾一下水滨，跟店主和顾客们聊聊天。问题是，我是个白人，宵禁之后还在水滨里溜达属于违法行为。但那里的人都很欢迎我，会跟我毫无顾忌地谈论政治以及根除种族隔离制度的想法等。我百感交集，我到这里本想做生意，却上了堂宝贵的政治课。

1975年平安夜，我和公司的一群人到阳光公园酒店放松了一番。圣诞节期间让人忙得透不过气来，一年虽然有12个月，但这一个月的销量就能占到公司全年销量的17%，是夏季和圣诞两大销售热点的黄金时期。繁忙的商业活动大部分集中在圣诞节前。那一晚也算是庆贺新年，我们的销量创了新纪录，大家开开心心地庆祝了一番。一会儿，又来了一些朋友，我们聚集了一大帮人，站在草坪上遥望约翰内斯堡美丽而富饶的郊区。

不一会儿，大家的话题就转到了政治上。有些人认为眼下的政治气氛很紧张，但多数人不这么认为。我自己在索韦托的经历告诉我，也许我们即将面对又一场沙佩维尔事件。那次事件发生在1960年3月，当时南非的警察向和平示威的黑人开枪，有60多个平民因此丧生。当我把这个观点讲出来的时候，有人当场质疑我："你什么意思？”

我看着郁郁葱葱的北部郊区和一片片修剪整齐的花园、泳池，说我们眼下看到的这一片别墅很快就会大幅贬值，所以我要卖掉自己的房子，以后租房子住，趁着眼下的房地产市场还不错，我要保住自己的收入。

尽管我对帕梅拉说自己只是初步有这么一个想法，但在圣诞节前夜说出这样的话可真不算什么好的圣诞礼物。1月31日，我真的把房子推到了市场上，1976年6月2日，我的房子被卖掉了。

4天之后，索韦托爆发了骚乱。事情的起因是南非颁布了一条法令，强行规定在种族隔离的黑人学校里，一半的课程要用南非荷兰语授课，以前的规定是所有课程都要用英语授课。这引起了黑人的愤怒，因为南非荷兰语被普遍认为是白人统治者的语言。

6月6日，我和一位销售人员来到了索韦托。此行被我们称为“查线”，也就是查看市场的动态，那位销售人员只要进行正常的工作即可。当时，示威活动正在升级，学校的联合抵制运动也愈演愈烈，他们的口号是“无自由，不开课”。我先看到远处出现了几组示威的人群，然后又看到1英里外的山上有更多的人在抗议。一位好心的店主催促我们快点儿离开，因为发生了暴乱，人们在焚烧汽车。但我们还是坚持又去了其他几个地方，一路上还好，没有遇到问题。我们正常的路线需要经过有骚乱的地方，为了避免麻烦，我们绕道从别处出了城。在距离城门不远的地方，我们遇到了一群开着防暴车的警察，他们草草地看了一眼我们的通行证，对我说这是一个“不吉利的日子”，这个时候来索韦托简直就是疯了，出门也不挑挑日子。那天，直到看了晚上7点的新闻之后，我才知道城内发生了大事。南非的局势出现了巨大的变化。那一次种族冲突双方都有很多人丧生，南非因此在国际上被孤立，种族隔离制度岌岌可危。

每隔一两个月我就要去水滨看一下。这次暴乱之后再去那边，我发现气氛已经完全变了样。“你来这里做什么？”酒馆的老板问道。我察觉到在我们之间充斥着一种紧张感，而且这种感觉越来越强烈。晚餐聚会的时候，我跟同事们为此事抱怨了几句，他们说我不是真正的南非人，所以不了解他们的国情。这些同事对黑人的信仰和索韦托冲突持有强烈的不满。我问他们过去有没有去过索韦托，他们说没有。我觉得这样的回答很符合逻辑，因为法律禁止白人去索韦托，但这样的现象同样也反映了一个问题，黑人和白人之间的沟通就仿佛两个失聪者之间的对话，白人根本听不进黑人的想法，他们极力回避现实，一味重复他们的陈词滥调——也就是支持种族隔离，而现实根本不是他们脑海中想象的样子。

对种族隔离制度愈发强烈的反抗情绪也让可口可乐公司付出了沉重的代价。我们的卡车司机成了暴力行为的受害者，有一位司机在索韦托遭到抢劫之后被枪击身亡。我参加了他的葬礼，到场的只有我一个白人，我明显感觉到周围的人带着一种复杂的情绪，他们恨我，但同时又对我不顾危险前往葬礼现场表示钦佩。最后，可口可乐公司只好雇用承包商，用没有公司标志的车辆前往黑人居住区送货。

南非是一个利润丰厚的巨大市场，所以公司在这里投入巨大。1974 年，里维兰德 · 莱昂 · 沙利文发起了一场劳工运动，以期在南非的劳务市场推行种族平等。沙利文是通用汽车董事会的董事，也是一位美国黑人。可口可乐公司则在 1976 年下半年追随沙利文的脚步采取了同样的措施。然而最终的结果表明，公司的这一做法力度依然不够，且行动太晚，直到 1986 年我离开公司之后，可口可乐公司为了抗议南非政府在种族隔离政策上的顽固，不惜承受人力和经济上的巨大损失，撤出了南非市场。

并购后的融合与挑战

在约翰内斯堡的装瓶公司负责了两年市场营销业务之后，我被提名成为南非境内三家可口可乐直属装瓶公司的营销总监。这三家公司分别位于约翰内斯堡、德班和比勒陀利亚。这次晋升让我经历了更大的挑战。

事实上，在这个新的职位上，我要做的事情并不多，因为三家公司分别有各自的市场经理。所以我一直觉得没有设置这样一个职位的必要，但亚历克斯·里德说服我接受了这项任命。亚历克斯原来是约翰内斯堡装瓶公司的技术部经理，现在得到新的任命，统筹管理全南非的装瓶业务。可他对营销一窍不通，而我在这方面确实驾轻就熟，所以我的任务便是帮他熟悉这方面的业务。在共事 8 个月之后，我觉得自己简直成了公司业务的一种负担。只要是涉及市场营销的业务，在上报可口可乐公司总部之前必须要在我这里事无巨细地过一遍。这种工作没有什么成效，我非常不满意。于是，我写了一封短信请求亚历克斯撤销我的职位。可能很多人一辈子都在做一些“包装汇报”却没有任何实际意义的工作，但我是实干型的人，我喜欢能干出业绩的工作。亚历克斯批准了我的请求。于是我被调派去做了南非的营销副总经理，总部在约翰内斯堡，这是我平生首次为可口可乐做特许经营的工作。

可实际情况没有什么太大变化，这个职位还是让我觉得很别扭。我是营销总经理唯一的直属下级，公司里其他部门的领导，比如广告部、营销部、市场调研部的领导都是我的下属。好在这只是一个过渡性的职位，因为公司已经决定派我到哈佛大学参加一个为期 15 周的管理培训班。回来之后，我就会得到晋升，主管整个南非的营销业务。这对我来说又是一次巨大的人事变动。

那时，我遇到了一次变故，在我动身去哈佛大学之前，我最尊敬的父亲在北爱尔兰去世了。父亲从赞比亚回国之后，在母亲去世后娶了帕迪 · 格林的遗孀。帕迪是父亲的同事，1954 年在我们刚到赞比亚的时候对我们照顾有加，可惜在他还很年轻的时候就因心脏病离世了，之后是父亲帮忙养大了他的两个儿子。这两个男孩就像我的亲弟弟一样，根本没有“收养”的感觉，我们的关系到现在也依然非常亲密。我还把侄女玛丽过继了过来，在她的眼中，我就是她挚爱的父亲。

1976 年秋，我来到哈佛大学商学院，这是我第二次到美国。第一次是同年的早些时候乘火车前往亚特兰大，当时我觉得美国幅员辽阔、地貌多样，而这一次当我走进哈佛大学的时候，才真正感受到这个世界的陌生。我选择了金融财会速成班，因为我此前没有接触过这方面的训练和实践。虽然我在赞比亚的时候也读过这方面的书，但毕竟是自学，不成体系。

在哈佛大学，我是班里年龄最小的一个，同学们的资历和阅历让我自叹不如。他们大多是已经进入最高管理层的专家级人物，有着类似密苏里太平洋铁路公司首席工程师这样的级别。

于我而言，参加这个管理培训班是我人生的重大转折点。我确信那时没有人能想到将来的某一天，我能成为可口可乐公司的董事长兼首席执行官。在这个知识渊博的群体里，我从没有觉得自己低人一等，反而觉得自己很幸运，因为我相信，在这里收获最大的人一定是我。

我非常清楚，从哈佛大学毕业之后，我会面临更多的挑战，晋升为营销总监就是这些挑战中最直接可以预见的。所以，当时任可口可乐公司南非地区总经理的弗雷德·迈耶后来给我打电话，要我出任约翰内斯堡可口可乐装瓶公司的总经理时，我非常惊讶。但我立刻就接受了这一任命，这才是我梦寐以求的职位，尤其是在当时。可口可乐从南非啤酒公司买下了史威士公司的产业，包括南非啤酒公司的一些品牌冠名权，我来哈佛大学之前还参与了这件事情的部分决策。所以，将这些新产业融入可口可乐公司的运营之中，就是我工作的一部分。这个挑战意味着公司要变革，因为上一年可口可乐公司在约翰内斯堡的市场份额有所缩水。我第一时间电话告知了帕梅拉，她正准备来波士顿和我一起过感恩节。得知这个好消息后我们决定好好庆祝一番。我又要以装瓶公司负责人的身份回到特许经营圈，这样的工作让我非常兴奋。

我把办公室安排在了约翰内斯堡市中心附近的一片工业区里，那里也是我们的一处工厂所在地，我办公的时候就能听到装瓶生产线运转的声音。当时的我 33 岁，主管着两家公司和 1700 多名员工。公司总部距离我只有几英里远，可我却像经营“自己”的独立产业一样，非常自由。只有当我关上办公室的门，独自一人的时候，我才意识到我是这里的负责人，以前的很多同事现在都要向我汇报工作，而且他们的年龄都要比我大，一种高处不胜寒的孤独感便会油然而生。

可口可乐公司把罐装的原浆运过来，我们配上苏打水勾兑成饮料，然后进行装瓶。原浆的配方属于绝密，在世界各地分成不同的几个点分别制成。颇具讽刺意味的是，我们还为百事可乐装瓶，原因是我们收购的南非啤酒公司终止了与百事可乐联营的经销权。百事可乐为此以违犯反垄断法为由在美国将可口可乐公司告上了法庭。为了能让自己的产品继续进军约翰内斯堡，百事可乐不得已和我们做了这笔交易，就这样，我们接下了为百事可乐装瓶的工作。

作为企业的经营者，我曾经面临很多挑战，其中有两件事情尤为棘手。第一件便是与史威士公司的磨合。尽管从技术角度来看，这算是两家公司的合并，但可口可乐在合并后的公司中占股 82%。为了避免职务重叠，公司对机构进行了精简。第一轮调整过后，原可口可乐公司的经理几乎占据了所有的核心部门。在第二轮调整中，尽管在很多职位上，我特意挑选了一些级别稍低的史威士公司经理出任主管，以期能纠正我认为存在的偏袒情况，可是，我却犯了一个严重的错误：我忽略了员工的稳定性原则。最终，这些人中只有一个人的任职期超过了一年。究其原因，史威士公司的文化氛围与我们大相径庭，可惜我却忽略了这一点，依然按照可口可乐公司的模式进行管理，没有考虑建立起一种让双方都能适应的企业文化（这一点是我后来才慢慢了解到的）。

第二件让我头疼的事情就是对《沙利文规章》的执行。《沙利文规章》是可口可乐公司的高管层在美国的亚特兰大一致通过的，但这个规章却违反了大多数南非籍管理人员的意愿，有些条款甚至超出了南非的法律许可范围。当然，这大概正是维兰德·沙利文所期望的。举例来说，《沙利文规章》中规定员工的公用卫生间和餐厅设施必须一体化，而南非的种族隔离制度则要求不同肤色的人不得使用共同的卫生间和餐厅。事实上，分开是分开了，但是有色人种使用的设施质量却很差。客观来看，执行《沙利文规章》其实没有什么困难，只要把原来的卫生间和餐厅改建一下即可，然而在落地执行的时候却遇到了诸多挑战。比如，南非的种族分类方式极其混乱，有时候同一个家庭的孩子会因为肤色的深浅程度，或者头发的卷曲程度不同而被划分成不同的种族。再回到我们公司，雇员分成两种：一种是部门经理，按月取酬；另外一种是普通工人，每周领取一次工资。普通工人都是白人，而经理却一半是白种人，另外一半是有色人种，其中还有一部分是亚洲人。所以关于种族隔离的规定在我们公司内部难以顺利实施。

我必须要严格而严谨地维护《沙利文规章》的宗旨和字面含义。起初，我发现有些白人女工悄悄跑到街对面一家公司的隔离卫生间上厕所。我就试着让管理人员在餐厅先做表率，让不同肤色的人有意坐在同一张桌子上用餐。有一天，人力资源部的经理告诉我，有人贿赂餐厅的黑人服务员，让他们藏好一些餐具供一部分人专用（而且清洗餐具的时候也要分开）。我以为这些盘子是专门给白人留的，但是查了一下才发现这些盘子的底部都涂了指甲油作为标记，是专门给亚洲人留的。

很快，政府的检察官就找上门了。他们找到我，一条条地列举我们违犯了种族隔离的哪些法律条款，不仅要罚款，我本人还得坐牢。我只能承认违犯了这些法律条令，拉着他们的手求情，表示下不为例。事实上，那个时候种族隔离制度正在土崩瓦解，当时要逮捕或囚禁一位可口可乐公司的高层是会引发国际事件的。此外，虽然南非政府的法律对各行各业的工作都分了类，列出了哪些工作只允许白种人参与，但这些规定有很多漏洞。因此，不但外国公司，就连南非本土的公司也会常常违犯这些法律条令。所以，奉行种族隔离政策的政府不得不通过新的立法来强化这些规定。

我想尽量改变员工的种族比例，于是破天荒地在南非招聘了首位黑人营销经理，他叫欧内斯特·麦楚努。虽然可口可乐公司早就开始雇用黑人销售人员，但市场营销经理却是清一色的白人，就连管辖黑人社区的经理也不例外。我刚大学毕业的时候，曾经与欧内斯特在约翰内斯堡的服装连锁店一起工作过，非常了解他在管理方面的潜质。从可口可乐公司通过并开始施行《沙利文规章》时起，我就聘请欧内斯特作为公关主管，在这个岗位的雇员中，只有他一个黑人。公司常常会把他推出去面对公众，这是一种炫耀方式，以便让人们看到可口可乐公司里有黑人员工担任要职。虽然他的头衔很响亮，但是并没有什么实际权力，也没有下属。我觉得根据他的能力应该可以从事更重要的工作，于是就把他调来做经理，负责索韦托的销售工作。

对于欧内斯特来说，这是个苦差事。做公关工作可以在约翰内斯堡最好的饭店里用餐，到亚特兰大还可以见到可口可乐公司最上层的高管和贵宾，可是做销售却得动真格的。最初他拒绝了我的邀请，我对他说："你被利用了，欧内斯特，你是甘心做白人的驯服工具呢，还是想做出一番事业呢？如果你现在不积累一些经验，那你永远没有进入管理层的可能。"后来我又找他的妻子游说，深谈之后，他终于答应了我的请求。遗憾的是，我离开南非之后，接替我工作的人思想守旧，没有办法跟欧内斯特共事，于是欧内斯特便转投百事可乐公司到乌干达发展去了。但他在可口可乐公司工作期间积累了大量的管理经验，所以在快消行业尤其是软饮行业的身价大增。

在南非，我第一次见识到了政府施行的物价控制策略，看到了政府对自由市场经济进行干预而带来的畸形后果。

那时候，南非政府为了控制通货膨胀强行干预物价。事实上，要想有效地稳定物价，最关键的是要让市场保持健康的竞争秩序。而南非不是这样的。在南非，某一家公司如果想要提价，首先要向政府部门提交一份详细的盈亏说明，但可口可乐公司对此持有不同的观点。说来也很奇怪，在这样的环境下，我们竟然还能在市场上赚一大笔。

有几家小型软饮公司在市场上的份额极为有限，其中有一家叫戈德伯格＆泽弗特（Goldberg & Zeffert），它在南非拥有七喜品牌的经销权。它的销售策略是保持饮料的价位比可口可乐低15%左右，所以利润非常低。因此，它总是第一个到政府部门寻求提价。然而，可口可乐的利润率相当健康，每次政府批准提价，其实都是进一步提高了我们的底线。如果政府不允许提价，那么像戈德伯格＆泽弗特这样的小型公司就会倒闭。

摆在政府官僚面前的选择很简单：是看着那些小商家出局，还是允许提价看着大公司继续谋取高额利润？这个选择题很有意思，充分体现了政府干预市场的自然秩序会发生什么样的事情。最后的结果是南非的消费者需要支出的费用非但没有减少反而增加了。这就是政府干预物价的措施很少能奏效的原因所在。

走向更大的舞台

从我第一天到约翰内斯堡开始，我就有一种强烈的感觉，这里的工作对我来说可能只是一个过渡，从这里开始，我将从非洲走向世界。在装瓶公司担任总经理一年之后，我的这一预感变成了现实。一天，我接到了伊恩·威尔逊的电话，彼时，他正在亚特兰大负责可口可乐公司的亚洲区工作。威尔逊在可口可乐公司算得上一位功成名就的大明星，经常陪着可口可乐公司德高望重的元老罗伯特·W. 伍德拉夫在南乔治亚岛的种植园捕鸟。每逢威尔逊生日，伍德拉夫还会给他送上玫瑰花。关于送花这件事，伍德拉夫对可口可乐公司的高层人士都是如此，威尔逊也不算特例。

“内维尔，你有没有想过去非洲之外的地方工作呢？”威尔逊问我。我说我还没有准备好，最好先在装瓶公司历练一段时间再说，等经验丰富了再离开。“好，那就等你准备好，准备好了随时告诉我。”威尔逊这样对我说。

1979 年下半年，公司高层对我这一年的业绩进行评估之后，决定让我掌管整个非洲南部的装瓶公司。我拒绝了，因为我已经做好了离开非洲的准备，想到世界大舞台上一展身手。我致电威尔逊，他随后跟北林荫道的总部做了请示，1980 年春，我被召到亚特兰大，威尔逊任命我为可口可乐澳大利亚公司总经理。

悉尼只有一家直属的装瓶公司在我管辖范围内，其他的装瓶公司都属于私人特许经营。因此，我的管辖范围很有限，但上面承诺一年之内让我晋升为整个大区的总裁，管辖范围包括澳大利亚、新西兰以及周边的岛屿。这是可口可乐公司全球 18 个大区之一。我先从亚特兰大飞到纽约拿到了签证，然后奔赴澳大利亚做就职演讲。在那一周里，我几乎围着地球飞了一圈，从约翰内斯堡到亚特兰大，从亚特兰大到纽约，从纽约再到悉尼，从悉尼又飞回了约翰内斯堡。

离开南非的时候我觉得非常难过，我一直深爱着这个国家，从小在这里扎根成长。帕梅拉同样也恋恋不舍，不愿意离开这片“我们的”大陆，毕竟她也在非洲生活了 26 年。现在我们每年都要回非洲一次，还在那里资助了很多非政府组织。

1980 年年初，我们搬到了悉尼，当时卡拉只有两岁。悉尼的市貌让我想起了南非。在我看来，世界上有5个最美丽的城市，悉尼和开普敦都在其中。我们找房子的时候，希望可以靠着大海，这样每天下午都可以到海滩去散步、游泳或者休息。但后来我发现，要买这样的房子，我们还差近50万美元。最后，只好花了20万美元在悉尼以北10英里处的科德角买了一所房子，带阳台和游泳池，坐落在一片美丽的树林中。

其实那里离海滩也不算远，只有20分钟的路程。我们经常带着装满了对虾、牡蛎和葡萄酒的小冰箱，到海滩上看日落，天黑之后在海里游泳。我们也会去看歌剧、芭蕾和赛马。有时还会去看棒球比赛，这种比赛通常是为保护鸭嘴兽募捐而组织的。我们还交了一些朋友，关系最好的就是林恩和迈克·霍尔。后来我们才发现，我们还有一些远房表兄妹生活在澳大利亚。

虽然悉尼是一座美丽的城市，但是不够时尚，我们在那里的生活也不算愉快。现在的悉尼已然是一座国际大都市，但当时还不行，我在公司之外很难交到朋友。人们常常罢工，这就影响了我们的生意，也给日常生活带来了很多不便。在悉尼的生活消费比南非要高出10%，如果涉及人工，费用就会更高，比如支付给园丁、保姆和清洁工的费用就非常高。

我的新工作刚开始也不算顺利，因为可口可乐公司和当地装瓶公司的关系颇为紧张。在布里斯班开装瓶公司的阿奇·鲍尔，为人粗鲁，又奸又滑，既没有文化也没有教养，特别难缠。

早在我到澳大利亚之前，包括阿奇·鲍尔在内的一队澳大利亚装瓶商到约翰内斯堡来过。我在家里请他们吃晚餐，当时我的房子正在出售，因为我们正在办理澳大利亚的签证。阿奇把我和帕梅拉都弄得很难堪，他说："你们卖房子可真是太傻了。不出半年，内维尔就会跟澳大利亚的装瓶商闹掰，到时候你们还得回到这里。”他并没有开玩笑，而是以一种非常严肃的态度讲这番话。

到了一个新的国度，我首先会四下转转，看看瓶装公司和客户。这样的旅程饶有趣味，沿途可以看到各种各样的风土人情，每个地方、每座城市因为历史、地域和气候不同，都有自己独特的文化。昆士兰州的首府布里斯班是澳大利亚大城市中最粗犷的一个，这里历史上是种甘蔗的地方，所以地面凹凸不平，后来发展旅游业才被踩踏得平整了一些。布里斯班装瓶公司总经理阿奇以前就是个收割甘蔗的，他对此非常自豪。这人说起话来滔滔不绝，政治上却糊涂得不行。我第一次到布里斯班的时候，他在希尔顿酒店顶层的包间里为我举办了一个欢迎晚会，窗外的景色十分迷人。他的主要客户和批发商、一家大型旅游公司的老板和一家赛狗公司的经理都到场了，据说那个赛狗公司的人是他最好的“小伙伴”。他们一边大口喝酒、大嚼海鲜，一边对我讲他们对世界的看法，以及他们如何讨厌那些矫揉造作的事情和人，用他们的话说就是，他们讨厌那些娘娘腔的男人，这种人根本毫无风度可言。

文化的鸿沟

当晚，我绝对是在奄奄一息之中挣扎着度过的。为了填补我们之间的文化鸿沟，我尽量将话题往体育上引导。在澳大利亚，这一招像符咒一样灵验，因为这是一个过去和现在都对体育非常着迷的国家。其实这也能反映出澳大利亚人绝对不缺乏对生活的热爱，只是我在体育方面不太精通。

这场宴会一直持续到午夜才结束，我总算是解脱了。我摇摇晃晃地拿着房间钥匙开了半天门才进到房间。我知道自己喝多了。大约过了5分钟，有人敲门。我让对方等一会儿，然后找了一条浴巾裹住身体（我是个大个子，因为身材特殊，酒店的睡衣穿不下）。打开房门，门口站着一位漂亮的小姐，黑头发，穿短裙。她称我为内维尔，我礼貌地问她是谁，她反问能不能进房间再说。我迷迷糊糊地分析这一切，她见状说："是阿奇让我来的，他付过钱了。"人们都知道，酒精能削弱人的意志力。我并不是标榜自己有多么贞洁，但我确实是非常礼貌地拒绝了她，然后把门关上了。我算过了一关，同时也对阿奇这个人有了了解。没过一个月，迈克·霍尔就解雇了两名违纪的员工。迈克是我在可口可乐公司事业和生活中的挚友，后来做了澳大利亚分公司的市场部经理，一直是我的下属。被解雇的两人跟阿奇配合默契，我们一直想抓住他们俩接受"女色贿赂"的把柄，却没有得手，可是他们变本加厉又以别的方式违反公司的规定为他们的装瓶公司牟利。

1980年夏，我乘飞机到东京，第一次向伊恩·威尔逊汇报澳大利亚的工作情况。伊恩这时已经是副董事长了，而且刚刚得到好消息，他会接替即将退休的保罗·奥斯汀成为可口可乐公司的董事长兼首席执行官。当晚，伊恩把我约到他的酒店房间喝酒以示庆祝。他的助理彼得·乔治到门口接我，看得出他跟伊恩从上午就开始喝酒了。见到伊恩我才知道，他刚刚接到一个电话说事情有变，罗伯托·戈伊苏埃塔将取代伊恩成为可口可乐的董事长兼首席执行官。罗伯托也是个传奇人物，1961年趁着去迈阿密度假的机会从古巴逃到美国。我在伊恩的酒店房间里陪他坐着，他认为他的职业生涯已经走到了尽头，他怒不可遏，一直在向我倒苦水。奥斯汀推荐的人选是伊恩，甚至还为他专门举办了庆祝晚宴，把家属都邀请了过来。

可罗伯特·W. 伍德拉夫却否决了奥斯汀的提议，推选了罗伯托。伊恩对我说，1980 年国际上反对南非种族隔离制度的呼声越来越高，伍德拉夫这样做是因为他不想让一个南非人成为可口可乐公司的领导者。

伊恩觉得既委屈又生气，1994 年他在南非开办了百事可乐经销公司，那时种族隔离制度已经被推翻，可惜他的公司也遭惨败。2001 年，伊恩在美国因虚报奥罗拉食品公司的财务状况而被指控涉嫌证券诈骗罪，出庭辩护后被判处了监禁。

在东京的那个夜晚让人非常不舒服，回到悉尼之后，我感觉自己也有些前途未卜。是伊恩把我调到澳大利亚的，他还承诺让我做澳大利亚分公司的总裁，可是现在他却要离开了。

1981 年年初，埃及人萨姆·阿尤布到访悉尼，我们请他在美洲俱乐部共进晚餐。阿尤布接替了伊恩的职位，担任亚洲区的总裁。我在澳大利亚的直属上级是罗伯特·帕特森，是澳大利亚分公司的总裁，当时伊恩就是承诺我在一年左右的时间里接替帕特森的工作。帕特森有一个习惯，要求下属晚上要早回家。他规定公司的人如果参加晚宴，也要在 9 点钟之前结束。可阿尤布那天提出晚餐之后去玩老虎机，这让帕特森非常厌烦。帕特森不去，所以我就陪阿尤布去老虎机上碰运气。我们玩的时候，阿尤布告诉我："你此前也知道，应该由你接替罗伯特的，这个计划并没有改变。这次我要带他回亚特兰大了，这个区的总裁由你担任。"原来，上面换人之后仔细检查了澳大利亚地区的工作情况，认为伊恩的安排是正确的，这下我才终于放心了。

数周之后，我跟罗伯特·帕特森视察纽卡斯尔的装瓶公司，这时阿尤布来了电话。那天是星期二，他让我星期四赶到马尼拉，和菲律宾那边的管理人员约翰·亨特一起待一周。亨特后来成为可口可乐公司的两名首席运营官之一，显然总裁唐纳德·基奥看好他，希望发展他成为可口可乐公司的下一任董事长兼首席执行官。于是我跟罗伯特说阿尤布让我周四去马尼拉。

“什么事？”罗伯特问我。

“我也不太清楚，可能是关于一家合资企业的事情。”我回答道。

“不要去了”，罗伯特不同意，但是他也清楚我不可能不去。“他们正在那边收拾烂摊子呢。”

我即刻返回了悉尼，很快就登上了前往马尼拉的航班。飞机降落在一个破旧的机场，我看到约翰·亨特正在舷梯下面等我。

原来，可口可乐公司对我的人事安排又有了新的变化。亨特和我的事业发展从此紧密而愉快地结合在了一起。

Inside Coca-Cola

第三章
与竞争对手抢份额

平衡各方利益

当时可口可乐公司正在失去菲律宾市场，而这场失败可能是公司业务在全球崩塌的开始。

1981 年，在全球软饮市场中，菲律宾排名第十位，而百事可乐公司在这里的市场份额以 2∶1 的明显优势领先可口可乐公司，在首都马尼拉的优势还要大。这里的可口可乐装瓶公司归属于著名的生力啤酒公司，每年的亏损额高达 500 万美元。生力公司已经发出警告，公司无法支撑如此巨大的亏损，如果可口可乐公司不与他们分担损失，就会停止可口可乐公司的装瓶业务。

亚特兰大总部发现，随着美元汇率的不断飙升，国际市场的形势对公司越发不利，海外市场的利润已经大打折扣。新上任的首席财务官约翰·柯林斯态度强硬，坚持认为可口可乐公司不应过度依赖海外市场，呼吁公司通过兼并的方式将美国境内的利润提升 50% 以上。可口可乐公司遵循这样的原则，收购了哥伦比亚电影公司，继而开始投资酒业。

约翰·亨特无论在任职可口可乐公司驻菲律宾总经理期间，还是晋升为可口可乐公司国际部经理之后，都一直坚持不懈地游说公司高管层。他认为一旦可口可乐公司在国际市场上退出前十名，对公司的发展来说将是一场巨大的灾难。他的观点得到了公司新任总裁唐纳德·基奥以及包括萨姆·阿尤布在内的部分高管的支持。萨姆·阿尤布在那时已经接替伊恩·威尔逊出任亚洲区总裁。

亨特是这件事的"始作俑者"，他与公司在菲律宾的大股东索里亚诺思家族达成了一致，这个家族在可口可乐装瓶业占股30%，价值高达3000万美元。这个数字放在今天可能算不上什么，仅2010年可口可乐公司计划未来5年内在菲律宾的投入就达10亿美元，可是在当时，这可是可口可乐公司最大的也是唯一的外部资金。

罗伯托·戈伊苏埃塔向董事会提交了发展海外业务的决议，这也是他升任公司董事长兼首席执行官的首个决议。那时候的董事会成员大部分是风度翩翩的南方人，也颇有些年纪了。接下来的18个月，我亲身经历了这一切。每逢董事会开会的时候，董事们就开始打瞌睡。罗伯托不知道费了多少口舌和力气才说服这些老家伙，让他们答应在费迪南德·马科斯统治下的小国家投资。马科斯是个独裁者，已到垂暮之年，国家未来的稳定和发展也难以预估。罗伯托后来找到我交了底，说有些董事是因为不想伤害他才决定投资。

然后，亨特又找到索里亚诺思家族，表示这个新企业需要一个管理装瓶公司经验丰富的人担任总裁，只有这样才能稳定住局面。于是，我就被任命为这家合资企业的第一任总裁，部分原因是我曾经在非洲管理过两家装瓶公司。

公司为我安排的助理罗米·达兰丹来自生力啤酒公司，他是我的好帮手，帮我出了很多好点子。但是能看得出来他同时也在暗中监视我，把我的一举一动随时汇报给持股 70% 的股东们。所以，我最大的挑战之一就是要证明我既独立于可口可乐公司，又不受索里亚诺思家族的控制，我必须证明自己是为双方的利益来经营这家公司的，不会偏袒任何一方。从某种程度上说，这件事情很混乱，因为我们的运营跟生力公司已经脱节，而且脱节的方面有很多，比如采购等敏感问题。

对阵百事可乐

从上任第一天开始，我就预感到菲律宾市场将是一块难啃的硬骨头。可口可乐公司很早就想改变这里的状况，可惜所有的尝试都失败了。百事可乐公司在这里的优势太明显，因为这里的装瓶公司完全归它所有。装瓶公司的利润很高，它们所有的投资收益都归公司所有。可口可乐公司就不一样了，有很多利润被索里亚诺思家族瓜分了。

亨特认为菲律宾的情况一定会好转。我完全同意他的看法，可口可乐原浆销售利润要高于装瓶公司的运营利润，其实这就是品牌带来的溢价。但装瓶公司如果经营得好也会有很大的利润空间。这些厂家虽然利润低，但这反过来也会督促他们高效工作。此外，可口可乐公司必须通过打造品牌来达成自己的商业目标。

反观百事可乐公司在菲律宾的组织结构，也没有形成保证装瓶公司长远成功运营的关键支撑，这一点它们很快就认识到了。

然而彼时，包括马尼拉在内的一些地区，销售额却是我们的 4 倍。它们不只卖百事可乐，还在卖激浪、美年达和七喜。菲律宾是百事可乐公司在世界上的第二大市场，在 1981 年的年度报告中，百事可乐将菲律宾列为击败可口可乐的最佳案例。

综上所述，在菲律宾经营公司存在非常高的风险，有些人可能要承受巨大的损失，比如我。公司很多人都不看好这里的业务，认为我们输定了。

伊恩·威尔逊距离可口可乐公司董事长兼首席执行官的宝座只差一步，是他把我调任到澳大利亚的，我曾经是他的得力干将，所以他认为公司这样做是为了将我扫地出门。但是我并不这样认为。我知道罗伯托、唐纳德还有阿尤布都非常坚定地站在我的身后。我接受任命之后，罗伯托第一次见到我就明确表示，他和亨特的一世英名都押在了这个合资企业上。俗话说，成者为王败者为寇，我知道自己肩上承担的风险，但可能是我的天性使然，挑战越大，动力就越大。我那时年轻气盛，非常乐意冒险，并且非常渴望证明在复杂的环境下，我依然能够管理好一家大公司。如果不幸失败了，我还可以离开，也可以重来。此外，我还有一个动力，就是签完为期 5 年的合同后，我能获得 20 万美元的免税奖金作为安家费。在当时，这可是一笔不小的数目，公司下血本也说明这个职位除了我没有人愿意接任。

一直以来，我都有一种信念，那就是上帝在创造这个世界的时候，就把可口可乐放在了第一位，百事可乐只能苦于“既生瑜何生亮”而屈居第二。所以，菲律宾这里只是出了一点儿小问题，世界上还没有几个市场能让百事可乐甩掉可口可乐，目前的局面一定可以扭转过来，而且这种认识绝对不是盲目自大。可口可乐在菲律宾有 18 家装瓶公司倒闭了，其中有一些本来就该关门大吉。如果按百分制给这个国家的装瓶质量打分，我只能打 29 分。所以和百事可乐相比，可口可乐所占的市场份额是目前这个情况也是理所当然的。

我还考察了百事可乐的情况，它的产品质量和运营情况也没有大家想象中的那么好，只不过是在销售策略上有些咄咄逼人，但这种策略也显得毫无章法可言。

跟帕梅拉在马尼拉转了三天之后，我差点儿就要放弃自己的改革计划了。我们从机场乘车进入市区，路旁是脏兮兮的贫民区。帕梅拉对菲律宾的赤贫状况感到震惊，要知道我们俩是从非洲来的，同为经济情况不景气的地区，但是这里的情况可比非洲糟糕多了。在热带高温中，垃圾和污水散发着一阵阵的臭气。

“亲爱的，我可真受不了这里。”还没到酒店，帕梅拉就打了退堂鼓。我意识到问题可能有点儿严重了，但是我也理解她的心情。我告诉她先在这里待上三天，三天之后再做决定。到了马尼拉的商业区之后，她的情绪明显有所好转。我们住进了半岛酒店（1941 年日本人打过来的时候道格拉斯·麦克阿瑟将军就住在这里），晚些时候在这家酒店的酒吧里简单用餐。帕梅拉最终还是同意留在菲律宾试着生活看看。就这样，我们开始了在菲律宾的征程。

公司为我们提供的房子是一流的，带游泳池，配备了三名女佣、一个园丁和两名保安，还为我配了司机。和在非洲的时候比，照顾我们生活的人真是多了不少。女儿卡拉有专门的保姆照料，当地人管保姆叫丫丫。后来家里又多了一个新成员，是一条叫塞巴斯蒂安的矮腿猎犬。菲律宾人都很友好，和他们交朋友很容易，所以我们一家人很快就融入了这个社会。安全方面也只出过一次事：家里的保安玩枪不小心走火，打伤了自己的脚。

做好本地化工作

菲律宾由大大小小的 7100 多个岛屿组成，有很多是无人居住的荒岛。很多地方的年降雨量在 2540 毫米左右。马尼拉处于台风多发地带，一下雨就是瓢泼大雨。

这个国家的文化也很有趣，融合了很多以前马来人的部落结构，这些部落经历了西班牙 200 余年的统治，之后又被美国控制了近 40 年。人们普遍讲英语，多数人都识字断文。20 世纪 80 年代的时候，有人预测拥有 500 万人口的菲律宾可能会成为下一个日本，能够发展成为经济巨人。不过出于种种原因，主要是受政治进程影响，菲律宾虽然潜力巨大，但还未能发展成为日本第二。这个国家明显的特点之一是其建筑风格和墨西哥非常相似。西班牙是参考墨西哥的阿卡普尔科控制和管理这片群岛的，阿卡普尔科那边的鱼类和蔬菜集市看上去就像标准的马尼拉集市。

虽然这里跟西班牙有着诸多相似之处，但是美国文化对菲律宾的影响也不容忽视。有几套电视节目是英语的，很多报纸是英文的，而且很多菲律宾人都有亲戚朋友在美国定居。美国文化的深度渗透，加上政府对工商业自由发展的不干预政策，以及西班牙人和马来人的生活方式，促成了今天菲律宾这种有条不紊的混合文化。这是个令人舒服的地方，这里的居民普遍都是乐天派，就连穷人也不例外。很显然，贫穷在很多方面都影响了人们的生活，但是这里的人依然活得很快乐。在这里，加餐是件大事，上午和下午都要抽出时间来休息、吃茶点。上班时间也可以停下来休息，这是菲律宾文化中的重要内容，任何人不得干涉。

天主教在菲律宾的影响极大，无论是宗教集会还是政治辩论，都能听到天主教的声音。做礼拜和宗教节日更是重中之重。每到复活节，男人会把自己绑到十字架上，走到街上接受鞭打。和其他很多国家一样，菲律宾的贫富两极分化严重。

每个城镇里都有供临时休息的小旅馆，在马尼拉尤为常见。这种买卖其实非常赚钱，通常是三个小时结算。这种小憩型的旅馆的广告随处可见，尤其是情人节前后。走进旅馆之后，会有服务人员把你带到一间空车库，之后帮你关上门，房间就在车库上面，里面装了很多面镜子，显得很花哨，而且吃喝用品一应俱全。你们一定很想知道我是怎么知道这些的，那是因为有一次我跟帕梅拉对这些小旅馆感到好奇，就走进了一家体验了一番。在一次朋友聚会上，我给大家讲了这段经历，大家都颇感兴趣，但是也有几个人露出了诧异的表情。

外国人相对比较容易适应在菲律宾的生活。在日本你可以参加商业活动，但很少会有人邀请你到他家里做客。而在菲律宾，外国人和当地人的相处相当融洽，这种情况在亚洲的其他地方其实很少见。

我们刚到菲律宾的时候，马科斯总统刚刚通过连任选举，任期6年。当时的政治形势看起来还算稳定，不过在接下来的时间里开始逐渐恶化。里根政府的副总统乔治·布什邀请马科斯做了一次国事访问，招致了反对派的抗议。

这是我生平第一次管理大公司业务，况且还是在陌生的异国他乡。对任何一家跨国公司来说，最重要的莫过于充分了解你驻扎之地的文化，做好本地化工作。在菲律宾，这一点给我留下了深刻印象。

来到菲律宾之前，我查阅了当地文化方面的很多资料。我去澳大利亚之前没有这么做，我以为澳大利亚的情况应该跟南非差不多，结果做出了错误的判断。在菲律宾，人们的家庭观念很重，家人之间的亲情深厚，对同学和朋友也十分忠诚，无论是在部队还是在学校，同僚之间的感情忠诚度要比对上司高。

菲律宾的文化还包括Utang na loob，意思类似人情上的礼尚往来，如果我帮过你的忙，那将来有机会你得还我人情。还有Pakikisama，意思是友好相处，尤其是第一次与人见面的时候，不能发生冲突。菲律宾人还喜欢和别人一起追根溯源，探讨宗族之间的关系，他们知道远房亲戚的各种近况，对自己的家族历史也了如指掌。

在菲律宾文化中，“是的”通常意味着“我在听你说呢”，而不是“我同意你的观点”，所以想要确认对方到底同意不同意你的观点是件很麻烦的事情。这时候最糟糕的情况就是你有些恼了，反问对方：“你明明都同意了啊。”你觉得他们点头同意了，可他们不这么认为。角度换了，处在他们的文化之中，就理应按照他们的文化理解问题，不能把自己的文化强加到别人身上。当然，做事情还是应该坚持自己的标准和价值观。同时，如果你想在另外一个国家行之有效地工作，就必须适应那里的文化，在这个文化框架里寻找合适的途径达成自己的目标。

激活个人和组织

一到菲律宾我就意识到我需要招聘一个当地人任经理，当然得是一个懂业务的，此外这个人还得是个“文化翻译者”，能够帮助我迅速融入当地的文化。我们的5年计划是约翰·亨特制订的，他和我有同样的想法，于是他给我推荐了一个人。这个人就是吉泽斯·塞尔朱安，别人叫他金·金，或者金。

我在马尼拉的马球俱乐部请他吃午餐，从身材上看我们俩很不般配。金身高5英尺6英寸（约1.67米），我比他高了近1英尺。

后来我们俩都有了江湖绰号，我叫马特，他叫杰弗。从此我们两人就变得影形不离，仿佛屁股都黏在了一起。当然，这只是一个比喻，我们身高差了那么多。

金到岗之后，我们团队的骨干班底算是凑齐了。除了我跟他，还有托尼·埃姆斯，他是个从亚特兰大调来的澳大利亚人，接替了约翰·亨特的职位，任可口可乐菲律宾公司总经理，亨特被调去了香港。托尼和我都是30多岁的人，而金只有20多岁，我们几个人一起跑遍了整个菲律宾。金对我的成功起到了至关重要的作用，他能清楚而透彻地了解我到底想要做什么以及要用什么样的策略。他会对我说：“嗯，你的想法很好，但是在这里可行不通。”更重要的是，他能提出一些可行的方案达成我的目的。

举个例子，有一次，我们讨论员工销售积极性问题。公司共有10500名员工，为了刺激大家的积极性，我计划以后不再发200美元的奖金，改成价值400美元的冰箱，因为我们可以从生产厂家那里直接进货，用200美元的价格买到市值400美元的冰箱，这样一来可以用同样的钱发给员工双倍的奖励，而且这样或许还能调动员工家属的积极性帮我们销售产品。

“不行，老大，这样可不行。”金对我说。他告诉我，员工拿到奖金之后会直接收起来当私房钱，这是他用来玩乐的钱，跟工资的性质不一样，因为在菲律宾，女人负责操持家务，男人要把工资交给女人管理，当家的女人平时只给丈夫一些零花钱。我的计划在这样的文化之下是行不通的。所以，只靠理论和逻辑来办事并不一定永远是对的。

有一次我召集管理层开会，讲了另外一个文化上的敏感问题，即外国来的管理人员拿的薪水比当地同级别的员工要高很多。我对手下的菲律宾人直言相告，说这样做对吸引国外的人才入驻是非常必要的。我在南非的薪资就比一个美国人少很多，那个美国人只在德班管理一个比我的公司小得多的装瓶厂。虽然我很不服气，但我能理解，他在美国也拿不到这么高的薪资。

“这些外国人是我引进来的，我们需要这样的人才。”我对菲律宾的部门经理说，“月底的时候你们会想，他们拿了那么多钱，而你们付出了同样的努力却拿了这么少。如果你们接受不了，就不要留在这个团队里了。我不想看到因为外国人拿高薪和福利而有人憋着火。我不能接受一个墙角里站着一群外国经理，而另一个墙角里站着一群菲律宾经理的情况出现。我们是一个完整的团队。”我讲这番话的时候非常严肃，而且绝对贯彻到底。我引进的三个外籍员工也是这样做的。

随着可口可乐在菲律宾东山再起，百事可乐也随即做出了应对。他们组建了一个新的管理团队，可是他们犯了一个我一直在尽力避免的错误。他们的管理人员围坐在马尼拉马球俱乐部里，边喝啤酒边抱怨菲律宾人懒惰。行政管理层一旦脱离社会就很容易发生这样的问题，这样一来周围的人就会疏远他们，导致他们失去了对市场和客户的了解。

初到菲律宾的第一天，我就开始推动装瓶公司的现代化升级进程，同时也给市场营销团队注入了新的活力。在这个过程中，托尼·埃姆斯功不可没。他是公司在这个领域最权威的管理者，但是在对广告宣传进行决策的时候，他会广泛征求大家的意见，从不独断专行。当时，公司总部给广告传播定的宣传语是“一杯可乐，一个微笑”。而百事可乐在马尼拉的销售额正在以 4∶1 的优势领先于我们，所以我觉得我们的口号应该更响亮一些。还有，百事可乐的广告里有大歌星迈克尔·杰克逊助阵，他可是当时菲律宾最具人气的明星。处在这样的环境下，我们开始设计自己的广告。我们请来了菲律宾本土的明星大咖，广告画面里既有可口可乐的商标，也有我们刚推出的全新包装。可是，这却违反了总部的规定，因为出现可口可乐标志的广告必须要由亚特兰大统一推出。但是托尼很认可我们的做法，他觉得这是为产品的包装做广告而不是为产品本身，所以不应该受到公司的限制。再说，公司此刻在菲律宾只有我们一家直属的装瓶公司，现在又处于起步阶段，总部理应理解和配合才对。他说得很对，作为回报，我也礼尚往来，允许他在生产制造方面投资，这种待遇通常是归装瓶商独有的。这是一次很好的配合经历，让我懂得了特许经销产业应该如何有效运作。

为了确保装瓶公司的生产质量能达到国际标准，可口可乐公司安排乔·布兰德来负责质量控制业务。在工作上，可口可乐公司坚持让乔向我汇报，这样就可以绕开技术部门的经理——菲律宾人拉蒙·阿博拉。我一直认为这是一个很严重的失误，这会损害阿博拉在公司的威信，也向全公司释放了一个信号，让大家觉得外国派来的人有特权。乔是个识大体的人，他也想到了这一点，于是表示同意找阿博拉谈一下工作上的安排。这件事情强化了管理人员的整体团队意识，尽管乔的薪资要比他的上司高得多。就这样，乔中规中矩地工作着，没有一句怨言。不到三年，菲律宾可口可乐装瓶公司的质量指数就超过了世界饮料行业装瓶业的平均值。

乔的工作非常出色，我还特意与他见了面。当时我正躺在马卡迪市的治疗中心，胳膊上输着液，全身无力，憔悴不堪。我得了严重的伤寒，还赶上疟疾发作，这病是我小时候在非洲感染上的。我的体重轻了 10 磅，瘦得皮包骨头，整个人看上去就像一具骷髅。生活往往就是如此，起起伏伏，不会总遂人愿。

文化营销激发共鸣

在我痊愈之前，当然还有痊愈之后，我跟金还有托尼几乎每个周末都要一起去菲律宾各个岛上巡视。

“二战”的时候，金在日军占领区的游击队里做过情报员，听从美国人温德尔·费提格中校的指挥。当时麦克阿瑟将军已经被迫撤离到了澳大利亚，把温德尔留在菲律宾同日本人周旋。

“我们当时只能不断地改变营地，为了保全自己，必须在日本人到来之前抢先一步撤离。”金在接受采访时回忆道。作为“二战”时的英雄，金在棉兰老岛的公信度很高，并且在菲律宾这个具有多元文化特征的国度里熟练地使用各种语言进行沟通。我在此要插一句，可口可乐公司的前首席执行官保罗·奥斯汀“二战”期间也在敌后的菲律宾游击队里，他的任务是为美国海军的鱼雷艇搜集情报。

我刚到菲律宾的时候，棉兰老岛正处于激烈的冲突之中，当时发生了两场暴动，第一场由共产主义武装组织新人民军发动，第二场的组织者则是摩洛解放阵线。这两个组织控制了岛上大片的农村地区。虽然政治环境不尽如人意，但棉兰老岛依然是可口可乐公司坚挺的市场。

菲律宾政府与摩洛解放阵线的冲突至今还在继续，这个组织的目的是让穆斯林的居住区独立，美国为此向菲律宾派驻了强大的军事顾问团。

我和金每进入一个穆斯林活动频繁的区域，都会有荷枪实弹的卫兵陪同。他们就守在我们的卧室门口，就连上厕所也要跟着。

我们乘坐直升机来到了一座孤岛，恰好有一对夫妇划着独木舟也到了此处，这可把他们吓坏了。我们觉得时间仿佛倒退了 1000 年。他们是从一个偏远的原住民部落而来，不懂得什么叫作日期，不懂得什么是时间，也不懂得他们捕的鱼到底值多少钱。我们给他们拿出了可口可乐和生力啤酒，他们压根儿就没有喝过。他们讨厌啤酒的味道，一口吐在了地上，但他们却很喜欢可口可乐。这一天，我们又多了两个对可口可乐满意的客户。

为了迎合这个国家的尚武精神，金、托尼和我干脆组建了一支营销团队，取名为“老虎军”，还有军歌，就是影片《洛奇》的主题曲《老虎的眼睛》。直到今天，我一听到这首歌就会觉得精神抖擞，仿佛又回到了那个摸爬滚打的年代。

周末，我们还会组织促销大会，有音乐、生力啤酒和舞台表演。有一次，金、托尼和我扮演菲律宾将军。我时不时地把百事可乐的瓶子摔在装瓶公司的墙上，命令部队大举进攻。还有一次，我们到了一座城市，当地的装瓶厂经理认识部队上的一些官员，居然借来了一辆坦克，让我们坐着坦克去大会现场。这就是商战，只是我们的敌人身穿蓝色的衣服。

全国各地有成百上千的流动商店司机兼销售员参加我们的促销大会。这些人忍受着高温每周工作 6 天，开着车一个小店一个小店地跑，把一箱箱重重的可口可乐从车上卸下，还要把包装盒合理摆放，以确保公司的标识醒目，这也是为了让我们的产品比百事可乐的更显眼。我们的冷藏箱效果也很好，这些销售人员还大力向店主推荐我们推出的新品牌，比如美乐耶乐（Mello Yello）。

我们发动美乐耶乐的宣传攻势时，将其定义为“世界上最值得信赖的饮料”。我带着身着运动装的销售人员在场地上做俯卧撑，然后围着装瓶公司跑圈，为了工作积蓄能量和动力。这是在哈佛商学院学不来的。

品牌是由一线销售员创造的

很多人认为可口可乐公司的能量来自品牌本身，然而，渠道销售人员才是真正的幕后英雄。无论从哪个角度来看，他们才是真正承担重任的人，是我们必须要调动的力量。市场很快就有了反应，我们定期到当地人称为“萨利—萨利”的小店铺去视察。我的信条是“没有什么地方是不能去的”。有的店铺只是钉着铁皮顶的小屋，我这个大个子得弯着腰才能进门，有时候弯着腰都进不去。我们发现可口可乐开始更加引人注目了，因为有更多的人看到了我们的产品和品牌。我巡视全国各地的装瓶公司时，每到一处都有丰盛的午餐，我还要拿着稿子演讲一番。公司为了欢迎我的到来，会把环境收拾一新，打扫得干干净净。同时，我会刻意摆脱这种官方视察的气氛，特意去员工的卫生间和休息室看看，如果里面不卫生，就说明公司并没有真正把员工的利益放在心上。有时候里面有人，他们见到我都觉得很震惊，公司的领导居然来检查他们的卫生间，这可是脏地方。我这样做是要以顶头上司的身份传递一个信息：员工很重要，追求质量意味着每件事情都要做好，每件事情都有存在的意义。也就是说，如果只是一个破旧而褪色的招牌，还不如没有。

有时，我会以对手的眼光来观察自己的企业的发展策略。在马尼拉，我带着管理层去国际大酒店开过一次战略发展会议。走进房间，墙上挂着百事可乐的宣传海报，喝的是冰镇百事可乐，我还给每个人发了一件印有百事可乐字样的T恤让大家穿上。会议由我主持，开了整整一天，目的就是找出我们运营体系中存在的问题，开发出一种长期领先百事可乐的战略。会议开始后，足有一个小时的时间大家都只顾沾沾自喜，之后才反应过来。他们对自己的长处和短处进行了透彻的、实事求是的评估。接下来的几天里，我们又认真分析了很多资料。这种做法对我们制定出更好的运营策略大有裨益。令人赞叹的是，那次会议气氛很开放，大家把自己一直希望隐藏的缺点都摆在了桌面上。这时可口可乐公司的总裁罗伯托·戈伊苏埃塔还向我们伸出了援助之手，亲自飞到马尼拉来看望我们。罗伯托是古巴人，但看上去却有一副西班牙人的派头，这很有意思。索里亚诺思家族就是西班牙裔菲律宾人，他们的根在西班牙，所以他们才会与罗伯托如此“惺惺相惜”。

我们共进了午餐，聊了很久。后来，因为晚上还要参加聚会，索里亚诺思家族来的人和罗伯托就离开了。晚会非常气派，罗伯托、索里亚诺思家族的人，以及他们最亲密的朋友都到场了，他们跳起了提尼克林舞。这是一种菲律宾当地的舞蹈，两位妇女拿着两根竹竿随着音乐的节拍在地上滑动碰击，跳舞的人要“腿”疾眼快才不会被竹竿夹住。我以前没有见过罗伯托如此洒脱，他平素是一个非常严肃的人，但是此刻的他深深地沉浸在这种娱乐文化之中。

可口可乐公司总裁唐纳德·基奥后来跟国际经销部的总经理约翰·乔尔戈斯也前来拜访。他们想要体验一下促销大会的氛围，我就让他们穿上“老虎军”T恤，然后我指挥着大家唱起了具有鼓动性的歌曲。唐纳德后来说：“那天，那种气势，感觉我们都可以领导一场革命了。”

在菲律宾的日子里，我面对公众演讲的本事也开始渐渐显露出来。我讲话很有鼓动性，知道如何控制听众的情绪，这对我来说也是一个巨大的变化。罗伯托和唐纳德到菲律宾视察之后对我也有了新的认识。我感觉得到，随着可口可乐市场形势的好转，我已经成功走进了他们的世界。后来，我应邀去亚特兰大，在一次国际大会上讲话，还向公司董事会做了演讲。

同一时期，我首次会见了菲律宾总统马科斯，我发现他的健康状况并不好。他面部浮肿，后来被确诊为红斑狼疮。他的健康状况和帝国政治都在迅速地走下坡路。从长远着眼，我们无所适从，但就当下来看，我们不能让这件事情影响到可口可乐打败百事可乐的大计划。

瓶子里的博弈

我在菲律宾待满 12 个月的时候，可口可乐基本上已经夺回了市场份额的头把交椅。这要归功于整个市场团队的努力，也要归功于我们的新产品美乐耶乐。可口可乐还从生力啤酒公司买下了皇家橙汁的品牌饮料销售权，这个品牌要比百事可乐的美年达更加抢手。另外，新颖的包装也是推动此次发展的重要因素。

百事可乐的包装瓶一直是 12 盎司（约 340 毫升）和 8 盎司（约 220 毫升）两种规格，而价格却是一样的，通过原浆销售的利润进行交叉补贴，但我心里有底，这肯定不是长久之计。生力啤酒当时处于亏损状态，没有足够的资金配置 12 盎司包装瓶的设备，但可口可乐的投资完全可以支撑。还有，生力啤酒的玻璃生产能力有限，而进口玻璃的成本又太高。

我们最初的计划是淘汰 8 盎司的包装，一律使用 12 盎司瓶。百事可乐已经这么做了。可后来，我决定保留 8 盎司装，我分析了一下市场情况，认为市场需要一些价格更低的产品，而百事可乐的 12 盎司系列不可能继续以当时的价格销售下去，必然要涨价，通货膨胀已经大大影响了百事可乐的利润空间。此外，我认为保留 8 盎司包装也能让我们节省一部分资金，因为这会减少新推出的 12 盎司装产品的数量，以及与其配套的包装箱数量。当时，我们正在逐渐以塑料箱取代木箱，原因是木箱在热带地区很容易腐坏。更重要的是，由于我们新推出的 12 盎司瓶生产能力有限，保留原包装至少可以让我们有一年的缓冲期，这段时间刚好可以进行全国范围内的消费者教育，保证他们的认可度，避免一刀切的做法。

现在的软饮包装都是使用铝制的易拉罐或塑料瓶，所以人们很难体会当时回收玻璃瓶的重要性。一瓶饮料的价值有很大一部分源自那个玻璃瓶。我们收瓶子的押金，就是为了确保消费者能把瓶子送还而不是丢掉，收回来的瓶子是要重复利用的。

我到菲律宾之后，首先注意到的事情之一就是百事可乐和可口可乐之间在互相玩一种把戏，那就是双方都在“偷”对方的瓶子，这样一来对手就不得不付出更高的成本来购置玻璃。双方用大片的场地来存放对方的包装瓶，每块场地上的瓶子都堆积成山。热带地区潮湿温热，存放瓶子的场地上杂草丛生，还有雨后的积水，积水里长满了水藻，瓶子里灌满了雨水。在世界其他地方也有竞争对手之间互相偷瓶子的事情发生，但菲律宾的严重程度让人难以置信。我立刻给可口可乐这边的人员下令严禁这种行为的发生。结果百事可乐的人给我、金和托尼取了一个外号叫“童子军”，渐渐地，百事可乐偷我们瓶子的事情也开始减少了。

百事可乐以低价出售大容量饮料居然还能赢利，这让我们大为不解。于是我们开始怀疑这可能与包装瓶押金的结算方式有关。

押金的多少通常是由我们两家共同协商制定的。这个协议不是规定押金的具体金额，而是就瓶子的成本达成一致。可口可乐和百事可口都在提高瓶子的押金额度，让价格尽量接近瓶子的实际成本。但通常押金的金额远远低于成本价，两者之间的差额作为成本和利润的借方项目记在公司的资产负债表上，这笔成本按瓶子的使用寿命均摊。举个例子，如果瓶子的造价是 50 美分，零售商付了 10 美分的押金，那么公司就损失了 40 美分，这 40 美分就会作为借方项目记录在资产负债表上，按照瓶子预估的使用寿命均摊。

我到菲律宾后和百事可乐达成过一次押金涨价协议，因为当时恰逢通货膨胀，押金如果太低的话消费者就不愿意还瓶子了。百事可乐后来又来找我们，提议把押金价格提高到瓶子的实际成本以上。我这下全明白了，百事可乐是用押金在支撑利润，然后再用这笔多出来的钱和可口可乐打商战。后来百事可乐又提议押金涨价，我没有同意。这下游戏就可以结束了，他们那笔假利润一下子就蒸发了。有件事情我事先没有意识到，那就是押金价格每涨一次，百事可乐的地方管理人员就抬高一次瓶子的账面价格，这也包括原来被偷走的、废弃在野地里的那些瓶子。百事可乐炫耀自己经营有方，获得了很高的利润。百事可乐这样做其实已经从自己的利润中抽掉了 8500 万美元，这笔钱一部分和墨西哥的市场也有关系，他们在那边也在搞同样的把戏。最终，百事可乐的这一拨管理团队被集体换掉，然后百事可乐决定把押金的价格再次降下来。这就等于从持有他们包装瓶的经销商兜里掏钱。比如一个商人为每只瓶子支付了 50 美分押金，现在只能拿回 25 美分。这一下就惹恼了一大批零售商。

为了保持自己的竞争优势，我们不得已采取措施应对百事可乐的这次押金降价，否则零售商进货的时候百事可乐会有成本优势，因为押金降低了，零售商支付的现款就相应较少。为了让这些商人高兴，我们决定对他们此前的库存瓶子按照原价进行回收。他们原来支付了 50 美分，还瓶子的时候我们就退给他们 50 美分，这些旧瓶子不按最新的低价回收。仅此一项，我们公司就赔了 100 万美元。这可不是个小数目，当时我们一年的利润才 200 万美元。但这个决策增加了市场上对百事可乐的敌视心理，百事可乐从此在经销商那里失去了诚信。我们的销售额得到了提升，一年之内就将损失的 100 万美元赚了回来。这件事情还要归功于我的菲律宾籍财务主管奇托·孔萨尔维斯，是他根据我们所占的市场份额给了我合理的建议。最终，我们赢在了信誉上。

百事可乐的另外一大失误是没有与可口可乐争夺棉兰老岛的市场。由于可口可乐独霸棉兰老岛市场，就可以卖高价，把赢得的利润转而用来对付马尼拉市场的百事可乐。在马尼拉市场，当时可口可乐以 1∶4 落后于百事可乐，这意味着他们在用 4 美元应对我们投入的 1 美元。如果他们在棉兰老岛也采用同样的策略，那么就卡死了我们利润最高的市场。可不知道出于什么原因，百事可乐从来没有真正对棉兰老岛的市场发起过挑战。这是一个重大的战略失误。

到了 1983 年，可口可乐开始在整个菲律宾市场领先了。这是可口可乐有史以来在主要战场上打得最快的逆转战役。与此同时，马科斯政权日趋衰落，国内抗议之声一浪高过一浪，政治动荡加剧。有一次，我在马卡迪的金融区从抗议人群中穿过，亲眼看到一台打字机险些砸在马尼拉市市长的头上。当时那位市长正站在讲台上演讲，打字机从 17 层的窗户里被扔了出来。

局势的动荡对菲律宾的外资企业产生了不良影响，但可口可乐却继续压制着百事可乐，利润还在稳步上升。我们在马尼拉又新建了一处装瓶厂，同时还对另外 4 处工厂进行了大幅度的技术提升。我们装瓶公司的质量等级从原来的 29 分一下子跃升到 90 分。到了 1985 年，我们的质量指数追平了世界的平均值。

在这段时间，我的家庭生活也发生了变化。卡拉从蒙台梭利学校转到了马尼拉的英国学校就读，目的是把她的菲律宾腔英语改成英国口音。

每逢周末，我们就会去美丽的海滩度假村，尤其喜欢去玛雅玛雅，那里有聂帕榈小屋，地板是竹子的，还可以领略浩瀚中国南海的壮丽景观。趁着日元兑美元升值的机会，我们买了一艘快艇，有了它我们就可以沿着海岸游玩，用它学划水，日子过得开心极了。

我来菲律宾工作得到过 20 万美元的奖金，我们用这笔钱在法国买下了我们的第一幢房子。这算占了个便宜，当时恰逢法国经济低迷，法郎疲软，于是我们就在乡下买了一座建于 18 世纪的住宅，墙是石头砌成的，有 1 英尺厚。房子后面是一大片森林。我们非常喜欢菲律宾，但是觉得应该在西方文化中有一处安居之所，到了暑假可以去那里度假，放松一下。我在马尼拉数不清有多少个连续工作超过 15 个小时的日子，让我觉得非常疲惫。

在菲律宾工作期间，还有一件颇为劳神费力的事情，就是给菲律宾选美比赛做评委。评委会里有美国驻菲律宾的总领事和一些据说对女人身材颇有眼光的人。总领事和我还被邀请参加一档名为《两人一条路》（*Two for the Road*）的电视直播访谈节目，主持人是一位叫埃尔薇拉 · 马纳汉的记者。访谈的话题就是菲律宾的选美比赛以及我们对菲律宾女人的看法。没想到这个节目很火爆，第二年我们两人又接到了邀请。我答应到场，但坚持要坐在观众席中，不再以嘉宾的身份出现。但意外还是发生了，直播节目进行过程中，埃尔薇拉突然朝我们俩走来，在向观众介绍我们两人之后对我发问：“你个子这么高，怎么跟女人相处呀？”这是直播，我必须得说话。于是，我只好闪烁其词，说道：“我的妻子有5英尺11英寸高，所以我们在身高上非常般配。”但她并不满意，又问我：“不，我问的是你如何跟菲律宾女人相处。”

我这个人有时候脑子反应太快，而且口无遮拦说话太直率，为此可没少惹上麻烦，这次就是一个大麻烦。“这不过是个看问题的角度而已，”我傻呵呵地笑着回道，“你说的是站立状态，如果躺下就不会有问题了。”

第二天，我的电话就一直响个不停。有的人表示看到这个插曲觉得非常幽默，但也有些人对我大加指责，认为我作为可口可乐菲律宾装瓶厂的领军人物说话太不检点。这件事情对我来说是个大教训，从此以后我在公众场合讲话就注意多了。

我们在菲律宾遇到的最奇怪的事情之一就是观看了一次“精神治疗手术”。这种东西在菲律宾和巴西很常见。

帕梅拉和我当时正在马尼拉酒店参加青年领袖俱乐部的会议，这是一个面向40岁以下企业总裁的会议。“精神治疗手术”则是整个会议的一个娱乐节目。

我们聚集在一个灯光昏暗的房间里，与“外科医生”保持着安全的距离。我们之中有一个女性成员患了癌症，她躺在医生面前的一张床上，在这位“外科医生”的整个手术过程中没有手术刀和其他工具，只用双手完成，他开始用双手在患者的胃部摩擦。整个过程中患者都有意识，也没有表现出明显的痛感。几分钟之后，这位医生把一部分血液和组织从患者体内取出，倒在一个桶中，然后他告诉患者她的癌变部位已被取出，没有疤痕，只有被医生揉红的胃部。这是典型的魔术，虽然我听到很多人说这种治疗方式是靠谱的，甚至有人讲了自己经过治疗之后病症缓解的遭遇，但是我依然认为这种治疗方式其实就是精神力量战胜病魔的典型体现。

跟我们一起观看这个手术的一个人，偷偷带走了一条沾染了血迹的毛巾，这个人便是那位患者的丈夫。他把这条毛巾带回美国经过测试，染色体被识别为人类血液，但因为时间太久无法辨别是否与他的妻子相匹配。但悲剧的是，这位患者的癌症并没有被治愈。

另外一件有意思的事情，是我们在马尼拉酒店遇到了菲律宾第一夫人伊梅尔达·马科斯，她应邀参加了我们花花公子俱乐部的演出。（这个花花公子跟花花公子牌的鞋子毫无关系。）这是 1985 年唐纳德·基奥和约翰·乔尔戈斯来访时发生的事情。

那时，马科斯的一位助手但丁·科胡昂科买下了生力啤酒的控股权，挤走了索里亚诺思家族。在生力啤酒的第一次董事会上，科胡昂科表示要参加当晚举行的颁奖仪式和晚宴。

结果，科胡昂科迟到了一个小时，还带着一群保镖。菲律宾人总是这样，可口可乐公司在总裁唐纳德的身边也安排了保镖。双方的保镖都警惕地盯着对方，因为他们手中都有枪。我们惴惴不安地在晚会上坐着。忽然，科胡昂科起身去接了一个电话，是伊梅尔达打来的，他邀请我们到总统府去。我们拒绝了，说正在参加一个颁奖晚会，脱不了身。于是，伊梅尔达表示她可以到我们的晚会上来。不一会儿，她就出现了，身后也跟着一群保镖。就这样，在场的有三队各为其主的安保人员。

为了会见第一夫人，我们专门准备了一个单独的房间。伊梅尔达魅力四射，吸引了在场的每一个人，包括我的夫人帕梅拉以及唐纳德和乔尔戈斯的夫人。这个房间是一个典型的现代化会议室，缺乏温馨的气氛。但因为伊梅尔达的出现，大家都变得兴奋起来。

她先做了一番热情洋溢的讲话，内容涉及菲律宾的局势和她丈夫的未来，尽管当时她丈夫病得很重，一年之后就被赶下了台。之后，伊梅尔达倒了半杯可口可乐、半杯生力啤酒，掺在一起并举杯，提议大家共祝两个企业合作愉快。虽然我并不情愿效仿她的样子，把两样美味的东西掺和在一起，味道都被毁掉了，但这确实展示了第一夫人的政治头脑。

晚宴之后，我们说要到楼上的花花公子俱乐部里露个面。“我也去。”伊梅尔达情绪很高，因为她听说上面有场演出，主角是菲律宾的两位流行歌手费尔南德兹和马丁·尼埃维拉。这两位歌手都曾经出现在可口可乐的广告中。可问题是这两位主角已经表演完离开了，我只安排了他们的伴舞为销售经理们继续表演。由于担心那些女孩儿在场会引发第一夫人的误会，我只好千方百计地想办法，不让这些伴舞在俱乐部里与第一夫人碰面，之后我们才一起上了楼。我现在还保留着一张唐纳德和伊梅尔达上楼时的照片，他们俩身后站着花花公子俱乐部的巴尼。

几分钟的工夫，有人往舞厅前排的地上扔了一把铁制的椅子。可口可乐、生力啤酒和伊梅尔达的三支护卫队同时举起了枪。想象一下，可口可乐的总裁、生力啤酒的大股东，还有菲律宾的第一夫人都在场，这要是发生一场枪战还了得。我一下子蒙了，觉得这回我的职业生涯真的要毁于一旦了。过了几秒钟，那些保镖发现不过是一把椅子，便纷纷放下了枪。只是几秒钟的时间，对我来说仿佛过了半个世纪，那一刻我真的觉得自己都不能呼吸了。

看完节目，伊梅尔达仍然没有要离开的意思。当时已经是午夜时分，我事先对唐纳德说要安排晚会早点儿结束，因为他次日一早还要赶6点的飞机。“我们去喝点儿咖啡吧。”伊梅尔达提议。我建议就去楼下我们用餐的餐厅喝咖啡，可生力啤酒的一个经理却慌慌张张地挡在了门口，说：“不行，你们不能进去。”原来，那些伴舞女郎就被关在那间房子里，等我们离开之后她们还要跟我们的销售人员联欢。这一刻也很刺激，如果我们进去了，后果则不堪设想。

我们没有去餐厅，找了另一个地方聊天，一直熬到深夜两点多。伊梅尔达给我们讲述了她丈夫的伟大经历，还有菲律宾人如何爱戴她这个第一夫人等等。看来，谦虚并不是她的作风。

对可口可乐的坚守

我们在菲律宾的生意依然做得如火如荼。在那里，我开始注意到可口可乐对当地经济的巨大影响。在一些小商铺里，销售可口可乐产品的收入能占据它们全部收入的20%。试想一下，可口可乐有数以万计的员工、店主和商贩，所以我们的公司在为菲律宾提供就业机会，帮助它消除贫穷，对其经济发展起着举足轻重的作用。

我离开菲律宾的前夕，百事可乐约我与其国际部的主管共进早餐。我认为竞争对手之间的会晤对双方有百利而无一害，只要不谋划什么违法的事情，这样的会晤能让双方有机会探讨产业的发展方向，也可以让双方了解对方的竞争信心。

可是，情况却跟我想象的不太一样。对方提出了如果我愿意同他们签署一份为期三年的合同，管理并重振他们在南非开普敦的事业，他们就可以给我那边装瓶业10%的股份。那个时候，百事可乐在开普敦的业务遭到了福布斯家族旗下装瓶企业的重创。我断然拒绝，我向来都是绝对忠诚于可口可乐的。还有，我信奉一句名言：“不要兜售连你自己都信不过的东西。”这也就是为什么我一生中曾四次拒绝卷烟公司抛来的橄榄枝。况且，如果我突然出现在开普敦，为百事可乐管理装瓶公司，可口可乐一定会不惜血本打垮我。所以，首先，我不愿意做这件事；其次，哪怕我有那么一点点想法，我就是疯了。

1985 年，在菲律宾工作了 4 年之后，我被调往联邦德国，负责中欧一带的业务。生力啤酒的高管们都不希望我离开菲律宾，而且按照合同我还应该在那里待一年，但唐纳德·基奥说服了所有人。我要去的又是一个完全陌生的国度，即将面临完全不同的挑战。

临行前，我们一家又去了一次玛雅玛雅，在那里划水、沐浴阳光。我们还带卡拉去了东京的迪士尼乐园，赏了樱花。然后，我们收拾行囊，带上小短腿猎犬塞巴斯蒂安赶赴联邦德国。

我们离开菲律宾的时候，可口可乐在这个偌大的市场上已经以 2∶1 的优势领先于百事可乐。这里的合资企业由原来的年亏损 500 万美元变成了现在的年赢利 400 万美元，菲律宾每年人均消费软饮 134 瓶，泰国是 39 瓶，印度尼西亚是 10 瓶。1984 年，我离开前的最后一个完整财年里，可口可乐的销量同比增长了 11%，而那一年全国软饮行业总销量下降了 5%，这个下滑幅度和菲律宾国民生产总值的下滑幅度相吻合。随着可口可乐向合资装瓶厂配送的原浆量增多，其股票价格也一路飙升。合资装瓶公司建立仅仅 10 年时间，其企业资产已经超过了 5 亿美元，这个数字是我刚到菲律宾时的 5 倍。

我离开时恰逢马科斯政权开始垮台。流亡的反对党领导人尼诺伊·阿基诺回国时在机场遇刺之后，1986 年 2 月，马科斯被迫下台。马科斯逃到了夏威夷，1989 年在夏威夷去世。阿基诺的遗孀科拉松和菲德尔·拉莫斯共同领导了人民革命力量运动。后来，这两个人都做过菲律宾的总统。阿基诺的儿子后来成了菲律宾的总统，即阿基诺三世。马科斯放弃总统之位之前，生力啤酒成了马科斯反对派的联合抵制对象，原因是他们的股东是政府要员科胡昂科。这次抵制运动导致生力啤酒的股价下跌了 20%。

回想起来，我能告诉大家在菲律宾最重要的管理心得就是要学会调动自己的队伍。这一点非常重要，也非常必要。你可以成为世界上最好的会计师、技术人员或者全球战略家，你可以每周工作超过 100 小时，但站在市场最前沿的是公司的员工，如果不能把他们的积极性调动起来，你就不可能成为成功的企业领导者。当然，事情并不是这么简单。我们还需要一流的战术和策略、稳定的资产负债表，以及世界上最强大的品牌——可口可乐——作为成功的支撑。但说到底，成事在人。

想想年轻的时候，我在菲律宾的样子，在场地上做俯卧撑，穿将军服，坐坦克，在高亢的《老虎的眼睛》的歌声中摔百事可乐的瓶子，那可真是遥远的过去。多年以后，我坐在庄严的可口可乐公司董事会办公室里，穿着昂贵的高级西装，会见这个世界上最顶尖的企业领导人。

现在我意识到，如果当初我在菲律宾这个热带岛屿上没有学会那些调动员工的本领，我就不可能成功地领导可口可乐公司或者其他大型跨国企业。

回首往事，我发现当时投身公司扭转大局的战役是何等重要，这对于我 20 年后出任公司的董事长兼首席执行官具有极其宝贵的意义。没错，这样的工作存在极高的风险，但是无论从短期还是从长期着眼，对一个企业家来说，没有什么机遇比将企业扭亏为盈更有吸引力了。

菲律宾市场成就了我的事业。

Inside Coca-Cola

第四章
推动核心竞争力

重视顾客价值

在热带国家菲律宾，生活轻松悠闲，人们喜爱娱乐，而德国绝对是这种生活的对立面，那里气候寒冷多雨，人们谙于世故，坚忍克己。菲律宾有着不拘礼节的大环境，而德国却拘泥于形式，就连休闲娱乐也要有条不紊地在条条框框里行事。这样的对比太过鲜明，我仿佛从一个极端走向了另一个极端。

我回到亚特兰大接受了为期 8 周的培训。严格来说，我离开可口可乐公司总部已经有 4 年之久。在培训期间，帕梅拉前往冰天雪地的杜塞尔多夫，一周之内就租好了房子，为卡拉找好了学校，还在银行开好了账户，她这种惊人的办事效率在这么多年里为我的事业发展提供了巨大的助力。卡拉那时只有 7 岁，但已经在 3 个大陆的 4 个国家居住过。

1933 年以来，我还是第一个非德国血统的人在德国做可口可乐公司的领导。德国和日本是可口可乐在国际上并列最大的投资市场。唐纳德 · 基奥到菲律宾视察，在著名的马尼拉酒店开会时对我进行了新的任命。他想安插一个外国人来推动德国业务的发展，给这个虽然赢利但一直停滞不前的市场注入一些新鲜血液。我不会讲德语，只在纽约学了一周，但我依然欣然接受了这项具有挑战性的任务。

我的新头衔是中欧区总裁，瑞士和奥地利也属于我的管辖范围。对可口可乐公司来说这是最混乱的一年。1985 年春，可口可乐过于激进地推出了一款名叫新可乐的新型饮品。

我在亚特兰大时，曾给自己在德国的运营方向定过位，那时候我就发现消费者对这种新品持明显的反感态度。我登上了从亚特兰大飞往萨凡纳的飞机，去参加一个关于装瓶商重组事宜的会议。一位乘务员看到我手上拎着可口可乐公司的箱子，张口就说："我恨你们。你们抢走了我的可口可乐，毁了我的生活。"

公司总部的气氛非常紧张，工作人员总是不停地应对类似的投诉，有些投诉甚至来自直属装瓶公司，这些装瓶公司抱怨说他们已经被所在国的装瓶联盟拒之门外。于是总部的领导层便把全球各地的总经理都召集来，非常严肃地告诉大家要冷静搜集此次危机的真实信息，不要盲目批评新可乐。

按照时间安排，德国将紧随美国之后，在市场上推出新品。但跟德国的装瓶商进行首次会晤之后，我明显地感觉到他们压根儿就不想要这个所谓的"新品"。接下来，我发现德国市场刚好要推出一款叫樱桃可乐的产品，于是就请求总部推迟新可乐在德国的上市时间，我表示新可乐没什么问题，但一下子推出两种新品难度太大。我原本是要拖延时间，但是没想到总部真的答应了我的请求。

新可乐是公司历史上科研投入最大的项目之一，很多消费者也喜欢它的味道。但是这样的市场调研结果却忽略了一个很重要的问题：一旦抛弃旧配方将会带来怎样的品牌冲击。旧配方经历了几十年的风雨磨炼，已经拥有了一个强大的、怀旧情绪深厚的消费群体。正如唐纳德所言，原始配方能让很多消费者回想起他们的年轻时代，可我们却要剥夺他们的情怀。不过有人认为新可乐的惨败其实是一个狡猾的营销花招，因为当那些失意的消费者发现他们喜爱的品牌重新出现时，销售额肯定会大幅上涨。但唐纳德对此说了一句一针见血的话："我们没有那么傻，也没有那么精。"这件事情给可口可乐公司的市场调研工作带来了惨痛的教训。做调研要确保在正确的场合以正确的方式提出正确的问题。当时没有人想到调查新可乐完全取代原来的可口可乐之后，市场会出现什么样的反应。此外，这里还有更深一层的教训——品牌属于消费者。可口可乐的配方严格保密，被锁得严严实实，这本身就说明此品牌已经被消费者深深地印在了脑子里。所以，品牌比公司本身还重要。可口可乐多年的销售历史足以印证这个品牌在消费者心目中的地位，所以那些失意的消费者绝对不会允许陪伴了自己多年的旧配方退出舞台，成为历史。

旧配方的可口可乐被更名为"经典可乐"，但仅过了10周就被恢复了原名，新版可口可乐则黯然退场。不过，在德国市场的我，总算是逃过了这一劫。

融入当地文化

避开这场混乱之后，我开始安心适应自己的新生活和新工作。俗话说，万事开头难，但我依然努力地融入当地的文化之中。

大部分外国移民都会选择在美国国际学校附近居住，卡拉也在这里求学，但我跟帕梅拉决定到德国人集中的社区生活。起初着实有诸多不适，也有很多不便，因为邻居们根本不会主动跟我们讲话。

事实上，就算他们都是德国人，彼此之间也大多互不相识。不久之后，我组织了一次聚会，邀请了我的直属下级和他的妻子。我发现有些高管的妻子以前基本上就没怎么互相见过面，似乎德国人并没有同事之间交往的习惯。通过这次聚会我也体会到了德国人的守时，离约定时间还有 10 分钟左右，我听到汽车的引擎声，客人们开着车接踵而至。还差两分钟的时候，我听到几乎是同时的关车门声。接下来，门铃响了，打开门一看，受邀名单上的人一个都不少，齐刷刷地站在门外。

上班时间，部门经理的办公室房门都紧闭着，这是他们的工作习惯。来德国之前，我看过很多关于德国文化的书籍和资料，了解了德国人喜欢做什么、不喜欢做什么。按照美国人的传统做法，肯定要硬性改变这一切，把当地的传统习惯束之高阁。这种做法真是大错特错。虽然我并不推崇他们这种不太开放的工作方式，但我唯一能做的就是敞开自己办公室的门，希望这样可以起到表率作用。

在海因茨·维措雷克的帮助下，我努力想破冰，营造一种更为轻松愉悦的工作氛围。海因茨的职位相当于我在菲律宾时的副手金的职位。高管人员午餐有专门的餐厅，在我用餐的位置下面还装了一个蜂鸣器。与德国人的做事风格相似，在吃饭这件事情上他们也有一套呆板的程序。吃完头盘之后，我要按一下蜂鸣器，厨房的门就会打开，一位女服务员会马上来清理桌子上的空盘子，然后接着上下一道菜。午餐一共有三道菜。经过一段时间后，我决定撤销管理人员的专用餐厅，让所有人都到员工餐厅一起吃饭。我把办公室用白色涂料和可口可乐标志性的红色涂料重新粉刷了一遍，盖住了原来那种令人压抑的深棕色。此外，我还撤销了原来停车位的优先使用权规定。这些做法看似事小，却标志着一种更为开放、不分等级的文化氛围开始渐渐形成。这就是我想要营造的工作氛围。我认为，判断一个人不仅要听其言，更要观其行。

在那段时间里，德国左翼恐怖主义组织“红军派”活动猖獗，他们绑架并杀害了德国企业界的重要人物。不幸的是，德意志银行行长、当时可口可乐智囊团成员阿尔弗雷德·赫尔豪森也不幸丧命于这个恐怖组织。根据可靠消息，我的名字也上了“红军派”的黑名单，我家里装上了警报器，直通当地的警察局。一天，一个醉汉在我家门前大吵大闹，我们真的报了一次警，警察在 90 秒内就到位了。我们还专门安排了一名司机接送卡拉上学放学，每天都走不同的路线。时间一长，学校大部分孩子的家长还以为这个司机是卡拉的父亲。在德国生活了几个月之后我发现，尽管德国司机英文讲得不好，但是他们都能听懂。了解了这一点之后，我和司机们的关系变得非常融洽。有一次，我告诉他们到法兰克福机场去接从亚特兰大来的几位客人，然后再行驶两个小时把他们送到埃森。那些客人坐在车上谈论着生意上的事情，也聊到了我，司机们全听懂了。大约一年之后，他们把听到的事情慢慢都告诉了我。这可真是一次意外而又出色的谍报行动，让我了解了亚特兰大的高层在想什么、说什么。当然，这也是个教训：当心隔墙有耳，司机也有耳。

砍掉不必要的支出

在德国，我在工作上遇到的挑战和在菲律宾遇到的截然不同。可口可乐在德国市场占据绝对的霸主地位，收益良好。存在的问题是销量停滞不前，所以利润也就停滞不前。

解决办法之一就是合并在联邦德国的 116 家装瓶公司。这里的装瓶业务是“二战”之后才发展起来的，使用的设备大部分是“二战”时为了保障美国士兵能在战争前线喝到可口可乐的旧机器。战争期间，德国的可口可乐产业没有受到破坏。那时的总经理是马科斯·基斯。战争期间无法进口可口可乐的原浆，于是基斯就首创了芬达汽水，这也是公司第一个不属于可口可乐系列的品牌。时至今日，芬达依然是世界上最受欢迎的橘汁饮料品牌之一。不过，意大利人却一直坚称这种饮料是他们发明的。战后的一段时间内，资金短缺，很多被战争破坏的道路和桥梁还没有得到修复，因此小型装瓶公司便成了发展的主流趋势。现在从埃森到杜塞尔多夫开车只需要 20 分钟，可在战后几年的恢复期里却需要两个多小时。那时候，往各地送货的成本比生产成本还要高。为了解决这个问题，只能在全国各地建小型装瓶厂。所以，埃森和杜塞尔多夫都有各自的装瓶公司。

德国的装瓶公司规模小而且归地方所有，所以成了世界上经营最出色的装瓶企业之一，仅次于美国和日本的装瓶公司。再看那些装瓶公司的老板，有很多是名人，其中就包括前重量级拳击世界冠军马克斯·施梅林，他在 1936 年 6 月击败了乔·路易斯，还曾乘坐兴登堡号飞艇，成功返回了柏林，只是在两年后的比赛中输给了老对手路易斯。马克斯对帕梅拉说过，1937 年他本来预订了兴登堡号最后那次倒霉的飞行票，由于在最后一刻改变了出行计划才逃过一劫。马克斯曾经拒绝加入纳粹党，还把两个犹太儿童藏在自己柏林家中的地下室，从而挽救了他们的生命。他活到了 99 岁，是德国人心中的大英雄。

德国公司虽说名声不错，但是我到任之时它已经变成了高成本运营体系，不具备大型企业规模生产力。此外，装瓶公司原来的老板们正在渐渐老去，他们的事业也在逐步转交给自己的下一代，而这些生在富贵之家的子弟，开着法拉利、奔驰，对可口可乐的经营并不会像自己的父辈那样尽职尽责。家族企业自古以来就是如此，这也是营销结构中的弊病之一。

可口可乐在德国市场以 6：1 的优势领先于其他饮料品牌，无论在消费者的接受度还是品牌美誉度上，“可口可乐”四个字都是响当当的；而在价格上可口可乐也要比百事可乐高出 20%左右，所以可口可乐可以向装瓶公司收取产品的保费，但我非常清楚这绝对不是长久之计。一些进口品牌还有百事可乐与我们之间的竞争愈演愈烈，作为一个完整的运营体系，我们必须要做的就是想办法把成本降下来。

我与海因茨四处调研，考虑企业合并之事。在此过程中，我发现我上面的指挥体系很古怪，有时候甚至显得很笨拙。我被夹在克劳斯 · 普特、克劳斯 · 哈勒和埃里克 · 克罗伊施三个德国人之间。普特是整个欧洲区的领导，哈勒是国际部总裁，两人的办公地点都在亚特兰大，双方的关系很僵。严格来讲，普特是我的直接上司，但从我上任第一天开始，哈勒就要求我直接向他汇报——尽管属于非正式性汇报；然而同时，我还要向普特汇报工作。更让人抓狂的是，还有一个克罗伊施，他曾经是可口可乐德国公司的总裁，也就是我的前任。我从他手上接管工作之后，他并没有离开，因为他了解这里装瓶业的整体情况，也认识那些装瓶公司的负责人，还懂德国的法律和政策。所以，克罗伊施只是把德国可口可乐公司的日常管理工作交给了我和海因茨而已。

在德国企业的管理结构中，所有的高管都叫 Geschäftsführer，意思是企业领导人。我根本不知道，克罗伊施在装瓶商那里早就把自己吹嘘为可口可乐在德国的老大，是公司的代言人。尽管他已经被降了职，在公司里要向我汇报工作，但是得知他在装瓶厂厂主中间散布谣言称自己是我的上司时，我也没有办法，只好去亚特兰大找哈勒，告诉他克罗伊施在拆我的台，要求把克罗伊施赶走。最终，我又找到普特获得了他的批准。

在德国的工作起步对我而言真是异常艰难。语言不通，关键人物在我身后拆台，还夹在两个老板之间。虽说这两个人先后在几天之内都开始注意德国这边的变化，可是两人之间的关系一直僵持着。

接下来要做的事情更让人不舒服：我从德国的最高管理层中撤销了100个高薪职务，因为这些所谓的管理人员人浮于事，还很官僚主义。此外，我们对市场的投入不足，导致了市场的停滞。想要盘活资金，就要降低成本。在德国，解雇员工是件很困难的事情，得经过劳资委员会的允许，程序烦琐，人力资源部和法律事务部的经理都认为我的这项决定根本无法推进。但是，不到一年，我就把事情办成了，省下来的钱都投放到了市场上。

如果要在我的职业生涯中找到一些具有共性的东西，那就是砍掉不必要的成本支出，把钱拿来做市场营销。（我见过有些管理团队的做法是减少市场投入来维持管理人员的人数，从长远来看这是在损害企业的利益。）这一管理风格让大家普遍认为我在削减营销成本方面太过心慈手软。我也知道做营销必然会存在浪费现象，但是归根结底，要强化品牌形象，营销是我们能做的最重要的事情。

艰难的合并

我第一次面对德国的装瓶公司总经理讲话时就告诫他们：“请看一看站在你面前的这个爱尔兰人，他从菲律宾来，对德国一无所知。

看到这个人，你们可能要问：‘他是谁？到这里来做什么？’那我就告诉你们我到这里来做什么。我到这里来，是因为这里有一家伟大的企业，而这家伟大的企业现在运转得不正常。你们还生活在陈旧的过去，我们现在要面向未来。”

他们以为自己是世界上最好的装瓶商，故步自封不思进取，这是不争的事实，不过，他们中间有些人认为可口可乐在德国的发展已经达到了最高峰。对于这种观点我实在不敢苟同。

“我来到这里是与你们一起共谋发展的，这是为了我们双方共同的利益。”我接着说，“我要告诉大家的有好消息，也有坏消息。好消息是我也是装瓶商出身，懂这块业务；坏消息就是我也是装瓶商出身，懂这块业务。”

那些装瓶商敲着桌子欢呼，对我的话表示认同，对我的到来表示欢迎。我们之间的关系一时间变得融洽了许多，尽管今后我们之间还有很多架要吵。德国有一个很强大的装瓶商协会，工厂主克劳斯·毛雷尔斯是这个协会的负责人。我跟他都希望彼此之间的关系可以更为融洽一些。克劳斯是一个很难对付的谈判高手，但是为人正直。后来，在成为总公司的董事长兼首席执行官之后我发现，我们在这几年建立起来的互信关系显得尤为珍贵。

我和海因茨开始认真思考装瓶公司的合并事宜，这时候我们意识到可口可乐有一个很大的谈判筹码。德国的装瓶商一直不愿意投资建装瓶公司，所以德国的罐装厂很大一部分是可口可乐公司自己出资建的，这就使得可口可乐公司成了德国境内罐装业的老大。随着时间的推移，罐装饮料在饮料总销量中占的比例越来越大，德国的装瓶公司便开始后悔失去了这么一桩好生意。从本质来说，可口可乐在德国的利润主要有两大来源：一是出售原浆，二是罐装生产。

虽然一部分德国的装瓶商在几家罐装厂也有股份，但总体看来，德国人对罐装产品的批发量还很有限。

我和海因茨商量了一个计划，打算把116家装瓶公司整合为一家新公司，这家公司同时继续经营获利颇丰的罐装业务。装瓶公司的总经理们可以通过交出自己的公司来换取新的股份。这些新的股份比原有的小厂子值钱得多，因为罐装业的利润很高，另外我们也计算过，合并装瓶公司将极大地缩减运营成本。

德国的拳击世界冠军马克斯·施梅林的声望极高，虽说他的英文并不好，我的德文很蹩脚，但是我们之间建立起了非常亲密的关系。他80岁生日那天，我送给他一件拳击手套形象的雕塑，手里握着一只可口可乐饮料瓶，这是用高密度的克虏伯钢铸成的。这件礼物表达了德国人的坚强、马克斯的拳击生涯，以及可口可乐与他之间的紧密关联等多重含义。

我相信马克斯会告诉其他装瓶商我的合并之举是真诚而明智的。1987年夏，亚特兰大批准我向装瓶商宣布我的计划。在最初的几次会议上，德国人对这项计划的接受度比我想象中的要高，但离普遍同意还差很多。我预估了一下，大概有40%的人能够接受合并，30%的可以争取过来，另外30%的人则是“钉子户”，肯定坚决不同意。前景虽然乐观，但计划一出台还是引起了轩然大波。这些人只顾感情用事，不顾商业逻辑，也不顾这个计划会给他们带来的利益。

很多装瓶商认为高利润无法抵消他们因失去对公司的控制权而造成的损失。我在撰写这本书的时候拜访了海因茨，他回忆起此事时说，那时他认为有些装瓶商当时已经腰缠万贯，并不会在意多赚多少钱，但是他们不愿意失去可口可乐瓶装专营权。“我们苦口婆心地向装瓶商们解释，‘现在你们每年可以赚500万美元，可合并之后，你们可以轻而易举地赚到700万美元’。”海因茨回忆道，“装瓶商的回答也很有趣，他们说：‘500万我都不知道该怎么花，我们有的是钱，我生活得好极了，多出来的200万有什么用？’”

于是，他们开始纷纷给亚特兰大总部打电话投诉。这种情况我们事先已经预料到了，而且自以为应付得了。一天，我和海因茨正在慕尼黑开会，突然接到了哈勒打来的电话。“你的计划要停下来了，”他对我说，“你们不能这么继续下去了。放弃吧。”

当晚，我在酒店和海因茨见面之后，都觉得我们的职业生涯走到了尽头，总部彻底否定了我们，我们商量好第二天一早就去提辞职。但是一觉醒来，我们又改变了注意。我们是被人诋毁了，不能就这么轻易放弃，我们要另辟蹊径达到目的。

很快，我就开始跟装瓶公司的老板进行谈判，我们推出了一个全新的方案来降低成本，将装瓶公司的数量由原计划合并成一个改为合并成30个。同时，我们还成立了一个销售中心，这对那些大客户来说既高效又便捷，他们不需要再到不同的装瓶公司去订货了。我们还关闭了一些生产设备，并将一部分罐装业务分给装瓶商，用来换取更低的产品折扣。这是一个妥协方案，和所有的妥协一样，这个方案的条款显得有些凌乱。尽管在亚特兰大总部看来，我们的整体策略是成功的，比如我们把奥地利和瑞士的装瓶公司合并成统一的装瓶企业，可在德国我们的初衷只实现了一半。虽然我们的努力让当地的生意开始日渐好转，经济收益也逐渐增加，但路只走一半是不行的。后来，我出任公司的董事长兼首席执行官后，彻底完成了德国的未尽之事。目前，德国的装瓶业务由一家统一的装瓶公司经营管理。

我和海因茨还做了一件很有意义的事情。我们推出了一款全新的可回收 1.5 升塑料包装瓶，这个包装直至今日依然有很多国家和地区在使用。“这件事情我们当时并没有经过亚特兰大总部批准，但我们还是做了。”海因茨回忆道，他后来接替我做了德国区总经理。“我们从其他地方省出了经费，用来研发这种新瓶子，原料是一种非常轻的塑料。在进行市场宣传时，我们称它为‘永远不会打碎的瓶子’。”

这种包装瓶的市场效应极为成功，从环保的角度来看，这一材质超前了几十年。零售商非常喜欢这一包装，它装的饮料比原来 1 升的玻璃瓶多了 50%。德国人习惯把瓶子送回来换回押金。他们什么瓶子都还，软饮料、矿泉水、啤酒，各种瓶子都还，这已经成为当地文化的一部分。这种新型包装瓶经过清洗和消毒，可以重复使用 20 次，大大降低了原材料的消耗。

虽然有所作为，但我依然时不时会担心，总觉得自己在可口可乐公司的职业生涯就要结束了。

一次，超市的经理们在法国尼斯聚会，公司总裁唐纳德 · 基奥和我在欧洲的一个同事拉尔夫 · 库珀也在场，他们要在尼斯住两天。我突然意识到唐纳德邀请了拉尔夫参加晚宴，却没有邀请我。我觉得唐纳德想必是因为这次装瓶公司合并的事情有意冷落我，于是就向他的助理约翰 · 怀特透露了自己的感受。怀特在他们离开前的最后一次午餐时设法给我安排了座位，可我还是认为我已经遭到了北林荫道的冷落。

在尼斯机场，我遇到了迈克尔 · J. 奥康纳，作为超市行业的巨无霸，他也是唐纳德的好友，还是美国零售业研究会的创始人。我在欧洲研究会帮忙的时候与他私交甚好，我非常信任他，有什么心里话也会对他讲。

"我遭遇了唐纳德的白眼，"我说，"我觉得这次我完了。"

在我职业生涯的这个阶段，有很多公司开始跟我接洽，对我示好，想把我挖过去，其中不乏很多诱人的机会，比如到总部在伦敦的健力士啤酒公司做总裁等等。我跟迈克尔说我得开始找退路了。

迈克尔让我安心，他说我是彻底误会了，我的事业正走在正轨上。"这个公司的未来有一部分是需要依靠你的，"他说，"在这里待着别动。"

他说对了，这件事情对我来说又是一次难能可贵的教训：过于敏感，在一个人的事业中可是有百害而无一利。当你顺着企业的梯子往上攀爬时，你的感知中随时可能出现幻觉，这个东西可能会彻底毁掉你的前程。这种幻觉会压抑你，让你无法逃脱。我以为唐纳德在疏远我，但这实在是一个错误的判断。

交流和信任驱动决策

一年之后，唐纳德派我率领一个调查组到巴西去评估可口可乐的运营情况。当时，巴西事务由若热·吉甘蒂负责。北林荫道认为吉甘蒂与总部的沟通不足，而且他还发疯似的想要资助濒临破产的巴西足球联赛。但是，所有这一切的背后隐藏着一个事实，那就是巴西市场陷入了死水状态，停滞不前了。我到里约热内卢后找到吉甘蒂，希望能听一听他的想法。"还算顺利。"他说，接着又说，"我一个月只跟亚特兰大通一次电话。"

不到一个小时，我就把事情搞清楚了。问题的核心在于：缺乏交流。我们在巴西待了一周，确认资助足球联赛是个好主意。只需要出 100 万美元，巴西所有参加联赛的足球队都会穿上印有可口可乐标志的球衣。这就是巴西，这就是足球。若是放弃这样的资助项目，疯了的人是我们。然而，由于吉甘蒂跟总部之间缺乏良好的沟通与信任，居然让这么好的一笔买卖蒙上了阴云。实际上，吉甘蒂的诸多决策中，只有一条我没有认可，那就是可口可乐在这里的装瓶公司能否也做啤酒生意。我到一家装瓶公司看了一下就理解了他的想法，工厂外面装啤酒的卡车都是崭新的，而可口可乐的货车却让人不忍直视，油漆的颜色都退掉了，裂得一片一片的。难怪吉甘蒂，还有那些装瓶公司的老板，为了换新衣而忽视了市场的主流——可口可乐。

回到亚特兰大后，我向唐纳德和克劳斯·哈勒以及高级管理团队汇报了此次调查的结果。“其实我认为这件事情很简单，”我对他们说，“出现这样的问题，你们有错，吉甘蒂也有错。你们在各说各话，以自己的立场看待问题，说到底，就这么简单。”然后，我逐条剖析了其他一些误解。从我的角度还是很赞同巴西那边的经营策略的。

我还告诉他们，吉甘蒂已经同意每周向总部汇报一次工作情况，他正在做的事情对总部保持绝对透明。“我觉得这就应该没什么问题了。”在会议的最后，我这么说。事情果然变得顺利起来，充分的交流和足够的信任能像逻辑思维一样驱动决策。

另一个德国

在德国的第一年里，我们全家人都觉得非常不适应，但是随着开始欣赏不同的文化，以及接受在这种文化下的关心，一切都改变了。在德国，人们之间的友情不会附加其他东西。德国人之间的友情是真正的友情。我们认识了几位非常好的朋友，直到今天，我们都还一直保持联系。在德国，有一种传统，当别人与你变得亲近时，会以家庭为单位提出书面的提议，邀请你成为他们的“du朋友”。du是德语中“你”的另一种表达方式，用于亲密的家人和朋友之间，取代尊称代词“sie”（类似中文里的“您”）。当你被德国人接受成为du朋友时，双方夫妻要互挽手臂，喝一杯德国Sekt酒（香槟）。这在德国人的日常交往中可算是件大事儿。我们在德国交到了三个du朋友，都不是可口可乐公司的。

一次，我们跟一个du朋友去巴伐利亚城堡参加了一次非常难忘的晚餐，晚餐是特恩·塔克西斯伯爵邀请的，他是一位皇家成员，通过发展德国邮政服务积累了大量财富。

这位伯爵需要一位继任者，于是便同一个年轻的女子结婚了，这个女人名叫格洛丽亚·冯·特恩·塔克西斯，她的名字和照片霸占了几乎所有的德国杂志。两人结婚的时候，格洛丽亚大概20多岁快30岁的样子，染着粉红色的头发，而伯爵则比她大40多岁。

这是一次非常正式的晚餐，华丽的蜡烛摆满了桌子，侍从穿着他们的皇家制服。晚饭后，我们到地下室的保龄球馆休息，狭长的木质走廊古老而弯曲。墙上挂着很多知名保龄球选手的名字，这些人可以追溯到19世纪，皇家人员的名字是金色的，普通人的名字则是黑色的。伯爵坐在一个角落里，相当沉闷，几名年轻的侍从围绕在他身边。他年轻的妻子和一位流行乐队歌手则站在一个舞台上，准备给自己的丈夫送上一首歌曲，但这看起来更像是一种嘲弄。城堡的地下室里既有严肃的商业精英，也有年轻时尚的德国流行乐队。这让我们看到了德国的另一种生活方式，非常迷人，但很遗憾我们并不属于这里，我们打算在凌晨3点半左右提前溜走。

我们喜欢德国的秩序和严谨的纪律，虽然我们讨厌周六下午开始所有的商店都关门的习惯。在我家附近有一个池塘，我们常去那里买些新鲜的鳟鱼，但是我们从来没有办法在周日买到新鲜的鱼，因为在周末，德国的商店基本上都处于关闭状态。我们在法国的居所距离德国的家大概有 12 小时的车程，所以我们可以花很多时间在欧洲美丽的城市间游走。帕梅拉想要一辆奔驰 280SLC，于是我们便买了一辆，虽然很多人告诉我们这是一款“小三”专用车。然而，当帕梅拉喜欢上这款车的时候我就决定送她一辆。我还有免税的额外薪资呢。

周末的时候，我们偶尔也会去莱茵河畔散步，河畔风景如画。仿佛一旦住在一个 12 世纪装修风格的城堡里，城堡主也是从 12 世纪穿越而来一般。我们有一个难忘的周末是在叙尔特岛度过的，这是座时尚的北海之岛，是每个游客的梦想之地。那里的人辨识度很高，也很容易记住；当你漫步海滩时，你无法不注意到那些一丝不挂的裸泳爱好者，当然，海滩上还有很多像我们一样全副武装的人。帕梅拉开玩笑地说，大部分一丝不挂的人其实都够老了，别人也不会对他们的裸体有太多兴趣。我清楚地记得，我曾经站在两个棕色皮肤、身材突出的赤裸女性中间排队买冰激凌。还有一对年长的夫妻，也是浑身赤裸，在海滩上拥抱。还有的人是朋友，他们旁若无人地互相亲吻对方的脸颊。尽管如此，这些人还可能都不算是du朋友。

1987 年一个寒冷的冬日，我们去柏林墙转了一圈。帕梅拉、卡拉和我，还有可口可乐公司的一位同事格奥尔格·弗莱舍尔带着他的妻子和女儿。格奥尔格是“二战”以后跳过铁丝网从民主德国逃过来的，在公司里负责东欧社会主义国家和土耳其的业务。他管辖地区的市场体量不大，主要从事一些以货易货的生意，因为那时社会主义国家的货币不能在国际市场上流通。可口可乐的做法是用饮料换取一些社会主义国家的产品，然后在西方市场上售卖。这样做完全是基于品牌声誉的角度考虑的，让我们的原浆打进去，树立我们的品牌。这样的生意难度很大，做起来非常不顺利，东欧的产品在西欧基本没有销路，只有一样东西例外，那就是俄罗斯的红牌伏特加。可是很不幸，伏特加酒的贸易被百事可乐公司独家占有了。

我们雇了司机驾驶两辆车通过边境。格奥尔格一家是德国公民，他们经过一个专门的检查站，而我们作为外国人需要经过臭名昭著的查利检查站。每次想起那次经历我们就浑身冒冷汗。他们什么都搜，仔仔细细地检查了我们 45 分钟。然后我们身上所有的钱都被换成了民主德国马克，如果回来的时候还没有花完，也不能把剩下的钱从民主德国带入联邦德国境内。

格奥尔格带我们参观了他小时候住过的地方。战后 40 余年了，依然能够看到当年战争留下的废墟。格奥尔格有两个姐妹，都嫁给了共产党的高官。

“理论上讲，我们很可能拐过某个街角就能遇到你的姐妹和她们的丈夫，”我对格奥尔格说，“如果出现这种情况，你会怎么办？”

“我会假装不认识，与他们擦肩而过，形同路人，”他说，“因为一旦跟他们有任何交集，对我和可口可乐不利，对他们也不利。”这话听得真让人心酸，试想，这可是跟自己血浓于水的至亲擦肩而过啊。柏林墙被拆除之后，我曾经问过格奥尔格有没有与自己的亲人们联系上。“联系上了，”他说，“但我不会去看她们，因为彼此之间没有共同话题，我们已经是两个世界的人了。”

我们在东柏林的城里逛着，在顶级的餐厅用午餐，饭菜的质量很差，顾客也稀稀拉拉。我们想在返程之前把民主德国马克花完，却发现实在没有什么东西可以买。最后，我们只好买了一大堆无用的纪念品。那次经历对我的震动很大：民主德国根本不思发展，那里的人也不做广告，周边的环境又脏又差，真不知道这样的国家究竟靠着什么运转。我们穿过边境回到了联邦德国，离开民主德国让我们长舒了一口气，柏林墙的那一侧真是让人太压抑了。

这一年，卡拉已经 9 岁了。她突然决定想要去英国的寄宿学校做一名英国女孩儿。于是，我们就把她送到了英国伊斯特本的莫伊拉女子私立学校。我们非常想念她、牵挂她，周末还专程去看她。可到了 1989 年年初，我又要被调往另一块大陆去工作。这时，卡拉原本纯正的英国口音已经变成了英国南方腔调。

虽然在很大程度上，我认为自己在德国的经历是失败的，最终都没有把德国的装瓶公司合并完成，但亚特兰大方面却不这么认为。1988 年秋，我被安排到亚特兰大的一个全新职位上，出任一家集团公司的总裁，管辖范围包括东北欧、苏联、非洲和中东地区，涉及 79 个国家的业务。

我们只好整理行囊离开了德国，虽然我们已经对德国有了感情。而这次离开也让我们自离开南非之后第一次有了一个固定的家。我和帕梅拉在此前去过亚特兰大，一直以来非常喜欢那个地方，觉得那是美国最美的城市之一。这座城市一年中大部分时间气候温暖宜人，树木郁郁葱葱，湖泊众多，那里的人也热情好客。

离开德国之前，格奥尔格就成了我的直属下级。他带我们去了一趟土耳其，土耳其在我新职务的管辖范围之内。我们想了解一下那里的商机，另外也去认识一位在当地很有办事能力的人士。那人很年轻，是个崭露头角的区域经理，叫穆泰康。我当时并不了解此人，但后来他很快就成为我的得力干将。

世界在彼时即将发生一场巨变。

Inside Coca-Cola

第五章

壁垒的坍塌

低估了对手的力量

前往亚特兰大不久之后，我应费萨尔王子之邀前往沙特阿拉伯与他会面。

1968 年阿拉伯联盟成员国联合抵制与以色列有贸易关系的公司时，沙特阿拉伯曾把可口可乐逐出了国门。那次联合抵制后来渐渐偃旗息鼓，可口可乐公司也成为 1989 年 2 月在沙特举行的世界青年足球锦标赛赞助商。然而，出于法律原因，我们还是不能在沙特建立装瓶公司，就连我们为足球锦标赛准备的饮料也要经过进口许可方可进入沙特境内。

在阿盟抵制可口可乐之前，沙特境内的装瓶业经销权归当地的卡基家族所有，现在他们声称依然保留这种权利，可口可乐公司对此提出了异议。这场官司很混乱，因为在可口可乐公司离开沙特之后，卡基家族自己生产了一种叫作卡基可乐的饮料，说来也让人生气，可口可乐公司还偏偏给他们提供这种可乐的原浆，当然，用的不是可口可乐的原始配方。

抵制活动结束之后，可口可乐公司把装瓶业务给了沙特著名的豪门奥拉扬家族。与此同时，我们同卡基家族之间的官司却进展得十分缓慢。时任可口可乐中东地区总经理的杰夫·昂斯沃思引用了白宫前新闻秘书马林·菲茨沃特的名言来描述当时的状况：“和中东人打交道办事，等上2000年是很正常的事情。”对此，我十分不满，却毫无他法，只是我实在等不下去了。

费萨尔王子在其办公室接待了我们。他的房间又大又奢华，办公桌摆放在一个台子上，我们只能仰视他。他开始教导我们：可口可乐能参与足球锦标赛之事很不错（这次锦标赛的组织工作由他亲自主持），但除非我们愿意和选中的合伙人合作，否则别想长期进驻沙特市场。他选中的不是奥拉扬家族。王子很想谈成这桩生意，但是对我们明显又带有敌意，在沟通过程中，时不时会有一些冷冰冰的话甩过来。

我们把情况如实反馈给了奥拉扬家族公司。他们公司的元老苏莱曼·奥拉扬给我们吃了一颗定心丸，他劝我们不用担心。“这次世界青年足球锦标赛之所以能够让王子操办，是照顾他，因为平时他在沙特的王子之中地位很低，讲话基本没有什么分量，”苏莱曼解释说，“这个坎儿肯定能过去。”

数月之后，这位王子再次与我们取得了联系，但是没有约定会面的具体时间。从此之后便没有了他的音信。苏莱曼说得很对，事情就这么过去了。与此同时，与卡基家族的官司还在沙特一级一级的法院里缓慢地进行着。一次，法院传唤我们出庭，主审是沙特的司法部长。部长审理着一桩又一桩的案子，我和奥拉扬家族的头号人物坐着等了足足两个小时。排在我们前面的有些案子确实很惨。有位18岁的姑娘嫁给了一个干瘪的老头，这次婚姻是被强迫的。姑娘状告老头家庭暴力，可这位部长毫无怜悯之心，草草地打发这位姑娘回家了，这简直就像欧洲中世纪时期的法庭！

轮到我们的时候，部长只问了几个问题，然后就判定我们胜诉。从那天开始一直到如今，奥拉扬家族一直掌握着沙特可口可乐的装瓶及销售业务。现在公司里的主管人员是苏莱曼的小女儿鲁博娜。在沙特我们还去过一家私人豪宅做客，喝的是著名的苏格兰黑牌威士忌，还有极品葡萄酒，大家站在游泳池边喝得很尽兴。这是我第一次了解沙特，第一印象不是很好，而且后来证明沙特对可口可乐公司来说确实是一大难题。阿盟联合抵制运动刚一结束，百事可乐就于1992年进入了以色列市场。因此，当可口可乐还在外徘徊的时候，百事可乐已经在像沙特这样的中东市场站稳了脚跟。

阿盟的联合抵制取消之后，我们的远景规划是占据沙特市场20%的份额，可惜并未如愿，只占到了9%。基于当时的情况，新建的大型装瓶公司远远没有充分利用起来。我们失算了，只能赔本经营。不过我们认为只要能在沙特这样的百事可乐大本营挑起竞争，就能限制他们在中东其他地方，比如约旦、巴林和迪拜等的投资规模，可口可乐正在那些地方苦苦征战以求东山再起。接下来的几年间，中东让我伤透了脑筋，至今还让我头痛，在部分中东国家里，可口可乐依然落后于百事可乐。在埃及，装瓶公司私有化问题已经开始进入谈判阶段，这让我们看到了一丝希望，但是在沙特等一些国家里，我们低估了百事可乐的力量。

1967年阿拉伯联盟抵制运动期间埃及将可口可乐驱逐出境。《戴维营协议》签署之后，埃及的态度于1979年有所缓和。埃及的软饮行业由政府掌控。百事可乐在首都开罗市场占据绝对优势，我们则在首都之外的地方领先。后来，埃及的软饮也实行私有化，于是我去了一趟开罗，想了解当地的情况，顺便也考察一下公司需要从政府手中购买多少资产。我们已经和阿尔海克家族达成一致，双方出资创建一家合资企业。这是埃及自纳赛尔时代实行国有化以来，第一次推行私有化。开罗的可口可乐装瓶公司可真是一片狼藉，比我刚到菲律宾时的情况还糟糕。更让人无奈的是，工厂旁边有一幢建筑，上面挂着可口可乐的标志，政府的专员告诉我："那也是我们的。"但他讲话的口吻却让人生疑。我进一步了解之后才知道，那是一家妓院。尽管这买卖可能比装瓶公司赚钱多，但我们还是通知了埃及官方：可口可乐公司不收购妓院。于是，我们买下了装瓶厂，没有买妓院。

我把注意力放在了中东和非洲，希望能把这两个地方的销售额提升起来。可口可乐公司在此前严重忽视了非洲这片市场，事实上这里蕴藏着巨大的商机。我的看法没有错，这片市场值得我们投入巨大的精力和努力。

1989 年年初，有迹象表明南非的种族隔离制度有可能被废止。当时南非还是由白人政府统治，纳尔逊·曼德拉也仍然被关在监狱中，但F. W. 德克勒克总统在种族隔离问题上的态度已经有了明显的改变。可口可乐于 1986 年撤出了南非，把装瓶厂迁到了斯威士兰。后来，可口可乐与南非新组建的私有化国家饮料服务公司签订了合同。一旦种族隔离制度被废除，可口可乐凭借这份合同就可以重返南非购买资产。

国家饮料服务公司的老板是可口可乐的前任高管桑迪·阿兰。桑迪是一个见多识广、精力过人之人（虽然脾气有点儿倔强），他写文字时总喜欢省掉省略号，这个毛病让他后来在与欧盟委员会进行的一场反垄断法纠纷中吃尽了苦头。我离开德国到亚特兰大之前曾与他通过电话，告诉了他我的新职务，并强调了我对南非事务的关注。“别这样，”他拒绝道，“你们不要插手我们的事情。”

随着南非政治气候的变化，桑迪后来也看出了可口可乐重回市场建构产业的趋势，所以他不允许别人插手的态度也渐渐缓和。1989 年 3 月，我约桑迪到亚特兰大整理一份对南非国家饮料服务公司的全面介绍。因为我熟识南非的所有装瓶商，他们向我反馈桑迪这个人太官僚，希望可口可乐公司日后能有一支新的管理团队。与此同时，可口可乐公司主管公关事宜的负责人，也是亚特兰大市议会前主席卡尔·韦尔，正通过可口可乐公司在南非建立的基金会与南非的大主教德斯蒙德·图图以及其他一些反对党成员接触。通过这些渠道，卡尔这位非洲裔美国人了解了极具价值的南非政治风向情报，帮助他在南非建立起宝贵又强大的人际关系网，这给公司后来的发展带来了极大便利。但有好的一面，就有不好的一面，卡尔和桑迪之间因此产生了不少摩擦。可以说，如果没有卡尔以及他前期做的大量工作，可口可乐公司在南非的立足面会大大缩减。

有一次我回到非洲，顺便去了一趟赞比亚，我对这个国家的感情很深。帕梅拉跟我一起，但她并不喜欢故地重游。由于管理不善，赞比亚经济已经垮掉了。可看到从前的老同事还是让人觉得心里很温暖，重逢之后很多人都热泪盈眶。让我震惊的是，很多老朋友居然已经离世了。当时艾滋病还没有在非洲大陆肆意蔓延，人们的寿命居然还这么短。说起来这么多朋友离去也是意料之中，可得知事实的时候我们依然伤心不已。

在内罗毕和装瓶公司负责人的一次见面会上，我跟他们讲了很多肺腑之言。那一刻，我觉得我并不是从亚特兰大来视察的高管，而是在非洲大陆生活了 26 年的本地人。

迈克·霍尔曾是我在澳大利亚工作期间的市场经理，现在主管非洲的事务。在我讲话之前，他先做了一番措辞强势的演讲。我不想效仿他的沟通模式，于是，我上台之后并没有站在讲台后面，而是随意地坐在了讲台边上。

“亲人们，我回家了。”我对那些装瓶商说道，“我的家在赞比亚，我的家在非洲。非洲对我有一种永远无法摆脱的魔力，这种力量占据了我的心灵，紧紧地包裹着我。非洲还有一种沁人心脾的芬芳，这种芬芳来自四个月不见雨水的非洲大地。这是一种重生的力量，久旱之后的甘霖终至，我们就像吸吮了雨水的玉米一样茁壮成长，这样才能重振我们的企业。”

装瓶商一下子欢呼起来，这真是让人振奋的一刻。帕梅拉和我在非洲生活了那么多年，那些岁月对我们的影响已经潜移默化地植根于我们的心中，虽然我们没有完全被非洲文化同化，但在很多时候我们都觉得自己像非洲的孩子。我们基本上每年都要回非洲度一次假。

会面之后，我和迈克·霍尔还有另外一位非洲高管约翰·贝尔彻一起去了埃塞俄比亚，这里曾因厄立特里亚省闹独立而陷入长期的流血冲突之中，现在正在恢复元气。可口可乐公司在沿海的阿斯马拉有一家装瓶厂，战乱期间被迫停产。我们计划与伊萨亚斯·阿夫维尔基会晤，询问他我们是否可以让工厂复工。阿夫维尔基即将出任厄立特里亚的总统，阿斯马拉将成为这个新生国家的首都。

我们先来到埃塞俄比亚的首都亚的斯亚贝巴。战乱刚刚结束，美国驻埃塞俄比亚大使还没有回来。我们乘坐的飞机是武装革命之后首批飞往这里的航班之一。

落地之后，我们开车从机场前往希尔顿酒店，沿途看到被烧毁的坦克和汽车，很多端着AK–47自动步枪的年轻人在四处巡逻。我们的车里也坐着一个手持AK–47的保镖。在希尔顿酒店，约翰让我们见了他的线人——非洲大名鼎鼎的菲克斯伊特先生。美国的名誉总领事也和我们在一起，他是个埃塞俄比亚人。他见到我们的时候非常惊讶，因为那时当地非常危险，连美国都还没有派大使过来，我们居然这么快就跑来了这里。

最后，我们钻进了一辆破旧的奔驰车，车上只有一个减震器，还坏掉了。后排坐了三个人，迈克·霍尔、约翰·贝尔彻还有我。菲克斯伊特先生和司机以及配枪保镖则坐在前排。

我们来到了一座宅子，由6英尺高的水泥墙围起，墙上装着4英尺高的铁丝网。铁质的门很大，外面站着卫兵。我们被带领着走了进去，在一个灯光暗淡的房间坐下来等待阿夫维尔基出现。可20分钟过去了依然不见人影。我开始紧张起来，手心也开始冒汗，觉得在这个时候到这里可能真的不是一个正确的选择。最后，阿夫维尔基终于现身了。我们握手寒暄了一番。幸亏我有先见之明地先把手擦干了。可他的手掌也是潮湿的，我发现他可能比我还紧张，他对我说他还没有接见过外国客商。

我慢慢冷静下来，反而觉得自己成了本次会见的东道主。我谈了很多对非洲的看法，说这片大陆非常有前途。这时，阿夫维尔基也渐渐放松下来。约翰·贝尔彻谈了关于阿斯马拉装瓶厂复工的细节问题，还包括我们所需的零部件，以及一条供公司飞机降落的跑道等支持。谈妥之后，大家握手道别。我们满心欢喜地离开了这个被高墙紧紧包围的深宅。8周之后，我们在阿斯马拉的工厂开始生产可口可乐。

不惧怕冲突

对可口可乐这样一个在全球200多个国家经营业务的超级大公司来说，这样的会谈或会议在各个国家和地区进行时，常常会遇到战事或暴力革命，还有自然灾害或人为灾祸。如果遇到突发情况被迫撤离，可口可乐公司总是最后离开的一家，事后也总是第一个返回。全公司从基层员工到管理人员都为这样的纪录感到自豪。不过，要做到这个程度可真是不容易，需要闯过一道又一道的坎儿，经历太多未知的风险。

尼日利亚的市场非常棘手，那儿的装瓶公司情况很糟糕。好的质量指数应该在90分以上，但首都拉各斯的装瓶厂只能得6分，这绝对是耻辱。装瓶厂的厂主是安德鲁·戴维，希腊籍塞浦路斯人，他的家族持有尼日利亚装瓶业的大部分股份。此人对我们的调查结果矢口否认，说其质检人员计算出的质量得分在80以上。“你的意思是我的人在撒谎？”他质问我。我对他的说法给予了坚决的回击，并警告他我有权关掉他的工厂。我们最终讲定我们俩和技术人员组成调查组，一起到工厂里调查清楚。我们快到工厂的时候，沿途看到路边躺着两具尸体。这在当地是常见的事情，没有一个司机把车子停下来。调查结果证明安德鲁的说法是错误的。第二天早餐时，他一直绷着脸，在下一个装瓶厂巡查的时候他也不跟我讲话。又过了一天，我拉着他跟我一起吃早餐，这才算打破了僵局。我们商量了一个改造计划，由装瓶厂和可口可乐公司各出一部分人员重组他们的管理团队。真是不打不成交，这件事情之后，我跟安德鲁成了好朋友，后来欧洲装瓶企业合并，我还为他出谋划策。他生前曾指定几个人于他辞世后在雅典举办的葬礼上致悼词，其中就有我。致悼词时我很伤心，几度哽咽，我失去了一位挚友，可口可乐失去了一位优秀的管理者。

与安德鲁的这次争执让我悟出了一个终身受益的道理，就是企业领导人不能惧怕冲突，但同时又必须找到好的、既诚恳又实用的解决方案，绝不能耍脾气。我在职业生涯中，就曾经不止一次过于执拗，结果全出了问题。

跨过柏林墙

我们举家迁到亚特兰大之后，很快就适应了这里的生活。但我也发现了一个问题，下班之后跟同事的交流机会很少，这与我以前在很多海外基地时完全不同。这里是总部，大家都有固定的学校、教堂和生活社区，所以同事之间没有那么强的依赖感。此外，我在公司也算是身居高职，下面的员工想要跟我搭话会感到明显的等级差别。我记得在约翰内斯堡的一个平安夜，我在阳光海滩公园酒店和同事们边喝酒边聊时政。一个人要是当上了大集团公司的管理人员，就很难享受到这样真诚的气氛了，所谓“高处不胜寒”，如是也。

我的管辖范围很广，从冰岛到南非，再跨越大洋到远东的苏联，我有一半以上的时间在亚特兰大之外的地方度过。旅途是残酷的，尤其是在我出差的日子里着实难为了帕梅拉和卡拉。“我想念你”，帕梅拉给我写了一张字条，夹在了我的日志本里，时间是 1989 年 7 月 11 日。我尽力去平衡出差、努力工作和家庭时间的关系，我答应卡拉要给她过 13 岁生日，但是那天我在伦敦有一个不能缺席的会议，所以我只好安排卡拉飞往伦敦过周末。在卡拉 16 岁时，我带她去乌干达看了野生大猩猩。

在此期间，我还第一次去了莫斯科，商讨可口可乐在当地建代表处的事宜。考虑到这是一件大事，我们还专门举行了一场庆祝晚宴。我的住所安排或多或少让我想起了在赞比亚的情境。那已经是多年前的事情了，我在那里不得不跟另外一个同事挤在一张床上，晚餐没能嚼烂的同一块牛排次日早上又被端了上来。莫斯科酒店的条件真比那里好不了多少。就说他们的毛巾吧，如果你后背发痒，那么用起来会感觉不错，但是吸水性太差了。还有窗帘，我不得不吐槽它连光都遮不住。

当时，我们和苏联之间只能搞以货易货的对应贸易，可口可乐只能每次运一批原浆给他们国有的装瓶公司，然后从他们那里运回一些苏联生产的拉达牌小轿车拿到英国市场上去卖，这样才能换成货币。小轿车车型的结构设计很差，我们得花上三天时间进行改造，然后才能送到市场上销售。百事可乐在与苏联的对口贸易中抢占了先机，他们换回的是名酒伏特加。所以，我们在苏联这块市场做着赔本生意，但不管怎样，我们毕竟为未来的发展谋求了一个立足点。事实上，这种情况是可口可乐在欧洲所有社会主义国家遭遇的缩影。

不久，我刚在上文中提到的“未来”就到来了。1989 年 11 月 9 日，柏林墙被拆除。

我和大部分人一样通过美国有线电视新闻网观看了直播。柏林墙被拆除的那一刻，接替我担任德国区负责人的海因茨 · 维措雷克正在美国休假，但他对公司的这一历史性时刻反应极其迅速。西柏林的两家装瓶厂马上打开了自己的仓库，给民主德国人免费赠送成箱的可口可乐，民主德国人开着一种基本是用塑料制成的特拉班特牌微型轿车蜂拥着越过了边境。

“每天都有成千上万的这种小车在我们仓库周围转来转去，这明显表明他们对可口可乐求之若渴。”海因茨后来回忆道。

这很快就带来了一个问题：是让联邦德国原有的装瓶公司去满足突然增加的市场需求，还是在东边另起炉灶创建新的装瓶产业？于是，合并德国的装瓶厂这个老问题再次被提了出来。

1990 年 1 月，我来到柏林，先想方设法弄了一片柏林墙的残片送给卡拉做纪念。这里的社会氛围变化之大简直让人难以置信。当时可口可乐在欧洲区的负责人是道格拉斯·艾夫斯特，我们遇到了一些原民主德国政府的资深官员，他们都已经递交了辞呈，正在摸索向新时期过渡的方向。我在 1987 年来联邦德国的时候，两德之间还隔着一道厚厚的柏林墙，那时候看得出来人们对民主德国政府害怕极了，现在却反了过来，轮到民主德国政府害怕了。我们见面的时候，这些官员明显在冒汗。他们对自己在新的社会秩序中处于怎样一种位置一片茫然。

“如果我们把德国东部的业务全部纳入德国西部这边，那些装瓶商怕是要乐坏了，”海因茨说，“但实际的问题是，在德国西部没有一家装瓶公司能消化德国东部这么大的市场。”这样一来就会把营销网络搞得支离破碎。我和海因茨都想逆流而上，建立一家统一的德国装瓶总公司。

德国西部的装瓶商行动很快，已经开始跑到德国东部卖货了。他们经常会找一个空的停车场架起帐篷摆摊吆喝。海因茨则飞到亚特兰大，建议公司出资 4.5 亿美元在德国东部建立一家直属公司所有的装瓶企业。我对于海因茨的提议持完全赞同的意见，虽然艾夫斯特也强烈支持海因茨，但林荫道总部却持反对意见。海因茨回忆道：“有一次唐纳德·基奥对我说：‘把这块地方卖给德国西部的厂商，我们不再投资了。’”

这是典型的唐纳德管理风格，每当批准一项重大投资之前，他总要问一些刁钻的问题，希望由此从计划中找到纰漏或者问题。开始，他总是摆出一副傻乎乎的样子，可他一旦拍板做了决定，就会无条件地支持到底，即使最终可能会失败。他的这种管理风格让我受益匪浅，这么多年来我一直在效仿他。

我把在德国东部建企业的事情交给了欧洲集团。这笔投资风险很大，尤其是民主德国马克不能在国际市场上流通，就算将来可以兑换，也无法预测汇率。这也是我们在所有前东欧阵营国家要承担的风险。

总部的抵制情绪渐渐过去了，因为唐纳德带着一部分可口可乐公司的高管到德国东部视察了一番。他们看到了公司在数周之内取得的成绩：可口可乐的自动售货机、喷泉式饮水机已经开始遍布德国东部。可口可乐宣布在德国东部投资的当天，公司的股票瞬间上涨了好几个点。华尔街也对可口可乐此举做出了乐观的预测。后来，民主德国马克可以兑换外汇之后证明他们的预测是准确的。

“我们赚了一大笔钱，全堆在银行里。”海因茨说，“有一次，克劳斯·哈勒对我说过一句话，让我至今记忆犹新。他说，‘知道吗，你的德国银行户头上压着 7300 万民主德国马克’。”

柏林墙推倒后不到三周我就去了莫斯科参加庆典，这个庆典也是时代在飞速发展的一大象征。气温很低，顶多零下几度，我的双腿冻得瑟瑟发抖。我在普希金广场亲手按下开关打开霓虹灯，照亮了 20 英尺 ×40 英尺的巨大广告牌。这是苏联境内第一块霓虹灯广告牌，那时人们不做广告，因为苏联的整个工商业都是国有的。我们的前景在这种形势下十分光明。

1990年1月31日，我参加了苏联境内第一家麦当劳的开业仪式，这家店就开在普希金广场，在我们新树立起的可口可乐广告牌对面。这次开业庆典比任何事情都能说明东欧集团各国对西方产业的极度渴望。成千上万的顾客冒着严寒在店外站上数小时，就等着品尝一下来自西方世界的味道。开业第一天，这家餐厅就接待了3万多名顾客，创下了麦当劳营业的历史纪录。而这种火爆的场面一直持续了很多年，三年之后，店铺门口也总是排着不惧严寒的5000多人的长队。

这不仅是麦当劳和可口可乐的重大突破，对所有的西方产业来说也是一项重大突破。坚冰解冻要归功于加拿大的麦当劳总裁乔治·科汉的精心策划。苏联的这笔交易是在1976年蒙特利尔奥运会时，科汉抓住机会跟苏联官员谈判促成的。

总统大酒店首次对外国人开放，允许外国人下榻，这要感谢科汉获得的突破性成果。按照西方人的标准，这家酒店也就是一般水平，但绝对要比我上次来莫斯科住的那家酒店强几百倍。酒店的每一层都有一位女服务员，她会给你房间的钥匙，还会记录下你离开和返回酒店的时间。楼道尽头有个房间，门偶尔会打开，里面有一个戴着耳机的男人，监听每间客房的窃听器。所以，如果真的有什么重要谈话，还是去公园里边走边聊比较好。

麦当劳安排我们去他们新落成的工厂参观，这家工厂是为他们的新餐厅提供后勤保障的。于是，可口可乐在苏联的负责人维利·范奥伊彭为包括总裁唐纳德·基奥在内的公司高层租了一辆加长的豪华轿车。麦当劳是可口可乐最大的客户，我们不想在对方面前摆谱儿，但换车已经来不及了，于是，车子把我们送出两个街区之后，我们就让司机停车，然后下车踏着冰雪步行到了麦当劳的工厂，我们不希望被客户看到奢华的一面。

当晚在克里姆林宫举办了盛大的庆祝晚宴，其间还有时装模特表演，军乐队演出，我和唐纳德·基奥还有其他可口可乐公司高管坐在一张桌子上。然后乔治的儿子克雷格·科汉向我走来，那时候他在可口可乐公司总部工作。他带着一个苏联模特，还告诉人家自己是一个美国电影界的大亨，所以他希望我可以帮他圆谎。我答应了他，顺着他的话说了下去。我跟几位模特交谈时，克里姆林宫乐队演奏起披头士乐队的名曲《一夜狂欢》（A Hard Day's Night）。你身在克里姆林宫，这里放着披头士的音乐，此情此景下你一定会随着音乐舞动起来。克雷格拉着一个模特，我拉着另外一个，就这么开始跳了起来。我们玩得很开心，突然我抬起头发现了另外一个美丽的金发女子，她在向我挥手，是我的妻子帕梅拉。我吓了一跳，胆怯地也向她挥了挥手。

晚餐之后，帕梅拉和我参加了另外一场在酒店酒吧里的聚会，那些模特和莫斯科市议会成员、唐纳德·基奥还有其他的可口可乐高管也都在场。帕梅拉在子夜一点左右就离开了，我坚持到了两点半左右。我跟唐纳德、克雷格·科汉、克雷格的哥哥还有那些模特合了一张影，我们看起来都很邋遢。从大气候来看，西方和苏联的关系正在改善，所以我们可以在专供苏联统治阶层下榻的酒店里玩得这么痛快，这样的酒店连陪同我们的导游都不能进入。所以，第一家麦当劳开业，还有我们新立起来的可口可乐广告牌是个好的开端，预示着未来的美好前景。

我意识到，我们需要尽快学会应对苏联人在生意场上传统的用餐礼仪：他们通常会用伏特加祝酒，用另一只手扶着酒杯的一侧保持平衡，然后送到嘴边，放下酒杯的时候保持平衡的手不能离开。

他们先敬酒，你得一口干，然后你还要回敬。这种敬酒要来来回回十几次，有时候可能还不够，就好像非要把你灌醉，然后让你干点儿什么傻事儿出来才行。无论白天还是晚上，这种场合无处不在。麦当劳开业仪式后的第一天，唐纳德·基奥叫我一起在克里姆林宫拜见了苏联的对外经济部部长。“我们先干一杯。”部长说着就从办公桌下面拿出一瓶白兰地跟我们喝了几圈，那时是早上7点半，我们都还没吃早餐呢，就先喝上酒了。

于是，我想了一个对策。对方劝酒的时候，我们每个人都表示以水代酒回敬，但是我额外要了一杯可口可乐。通常，前两杯伏特加我会真的干掉，之后大部分的伏特加会吐到水杯里，然后用可口可乐回敬，这样做还真是毫无破绽。这样一来，我就比其他所有人少喝一半酒。记得有位苏联同人夸我：“你的伏特加全喝完了，真是海量！”

我们要做第一

苏联朝着自由市场经济发展的步伐非常缓慢，但东欧一些小国家则进展迅猛。其中有一个特别受我们欢迎，那就是罗马尼亚。这个国家无论是对我们还是对百事可乐来说都是一块处女地。1990年2月，尼古拉·齐奥塞斯库政府倒台后的两个月，罗伯托·戈伊苏埃塔的办公室就收到了扬·斯塔米内奇的来信。斯塔米内奇在罗马尼亚管理两家国有装瓶公司，想购买可口可乐的经销权。这封信转到了我的手中，我又把它转交给了穆泰康，那时他是可口可乐在德国艾森地区的代理总裁。我们和斯塔米内奇进行了面谈，他给我们留下了很深的印象。斯塔米内奇以前从没真心给齐奥塞斯库出过力，却保住了自己的位置。虽然他经营的工厂设备陈旧，甚至有些破烂不堪，而且只生产一些加了香精的饮品，但这次是个机遇，能让我们抢先一步跨进他们的国门。我和格奥尔格·弗莱舍尔找唐纳德·基奥商量，让他批850万美元在那里建一家合资企业。我们认为这是个拥有2000万人口的欧洲国家，而且我们会成为第一个进入这片市场的企业，小投资大收益。唐纳德听完之后气得不轻。

“你们居然想让我从可口可乐拿出850万美元到罗马尼亚，可你们并不知道将来如何从罗马尼亚把这笔钱赚回来。”他大声呵斥我们。

“是的，唐纳德，”我回答道，“但是我认为形势会变。你出资850万，我们就能抢先百事可乐一步占领这块市场，这件事肯定不会错的。第一，我们要做第一。”

唐纳德看了看我，然后说：“好吧，那就开干吧。”我理解他这句话的意思就是：既然决定要做了，那就别畏首畏尾，大胆去做吧。唐纳德真是位出色的企业领导人，他在试探我是否会全力以赴做这件事情。说到底，我是不是愿意出力，比他对这件事情的判断更重要，因为我确实是确保项目成功的关键人物。“好的，唐纳德，那我们就开动了。”后来证明，罗马尼亚对可口可乐来说绝对是一块收获颇丰的宝地，我们以绝对的霸主地位凌驾于百事可乐之上。

零售商的力量

我们的投资很快进入一个又一个东欧国家，在此期间，穆泰康成了我的得力干将。“我承认其中不乏风险的存在，但是却让公司的业务在东欧迅速开展了起来，”穆泰康回忆道，“我们让所有关系链中的每一个成员都知道我们在做什么，这样他们就不会感到意外或不解。我们把政府人员也一并拉进项目，这样他们就能了解我们所做的事情了。”

穆泰康回忆起这段经历时曾感叹，可口可乐公司决定在罗马尼亚投资时，那里甚至连一部外资法都没有。

“我们要买下他们的一家工厂，并提供两年原浆作为我们的产权，”穆泰康说，“别问我们两年之后怎么办，我们对此事充满信心，我们知道这个企业会自我努力发展的。大家都真诚地相信，柏林墙拆除之后，所有的东欧国家都会走上自由市场经济的道路，或早或晚，最终都会如此，只是在方式上有所差异而已。所以，他们都需要外资，都需要通用的货币，这个风险值得一冒。”

每一个国家都有自己的国情，有自己的领导人，有自己的做事风格。

“在波兰，私人不得拥有土地，”穆泰康回忆道，“那我们怎么才能为我们的第一家装瓶厂准备好土地呢？我们跟当地的天主教会达成了协议，因为天主教会是波兰最大的土地拥有者，这已经有几百年的历史了。这一点就连苏联人也无能为力。无论他们如何施加压力，也没有办法让波兰政府没收教会的土地。”

我们和教会签订了土地租赁合同，建成了第一家装瓶公司。“那块土地到今天也仍然是从教会那里租来的。”穆泰康说。

我们的新厂址在格丁尼亚，离波兰的造船中心格但斯克只有几英里远，这里也是团结工会运动的发源地。工厂开工那天，唐纳德·基奥和总部的几位高管前往出席开工仪式。这是可口可乐在整个东欧建成的首家装瓶公司，对公司而言是里程碑式的大事。周日清晨，唐纳德通知我们所有人到圣布里奇德教堂集合，在这个教区的居民中，有团结工会的领导人莱赫·瓦文萨。教堂的牧师是亨里克·扬科夫斯基，也是为团结工会执行宗教仪式的专职牧师。

来教堂做礼拜的人很多，我们可口可乐的人被安排坐在了第一排。我们完全听不懂扬科夫斯基的布道，但能从他的发音里分辨出他提到了“可口可乐”。从他脸上的表情看，他像是在告诫他的会众每天早晨至少要喝一杯可口可乐，否则就会被永久地打入地狱。后来我们了解到，他是在向教徒们详细解释可口可乐新建的工厂会给他们的社区带来更多的就业机会和经济利益。这是一场有利于自由经济良性发展的说教，来自天主教牧师。

很快，到了给教堂募捐的时间。唐纳德这位美国天主教徒率先往盘子里放进了美元，然后把盘子递给我。我是爱尔兰的新教徒，也放了钱进去，然后递给了格奥尔格·弗莱舍尔。格奥尔格是德国的路德派教徒。下一个是安德鲁·戴维，他是信奉东正教的希腊装瓶商，在东欧寻找投资机会。然后他把盘子递给了穆泰康，穆泰康是个出生在美国的土耳其人，信奉的是伊斯兰教。可口可乐最后一位接过盘子的人是丹尼·莫斯科维茨，是一位美国犹太人。这就是可口可乐出席人士的构成，不同的种族，不同的信仰，这远比近些年爆发的全球化来得早得多。这就是可口可乐的迷人之处，它就像个联合国的缩影，是个功能健全、盈利丰厚的联合国。

东欧的变革还在继续，穆泰康一个国家一个国家地在一片片有待开发的土地上策马奔驰。

“出门在外常常会遇到这样那样的困难，”穆泰康回忆道，“记得有一次，在阿尔巴尼亚，我和一个中国人住在同一个旅馆房间。当我进门打开灯看到另一张床上有人时，还以为自己走错了房间，我跑到楼下的服务台去问，对方回答那就是我的房间。”

我们就像是公司的牛仔，有时候记者们把我比喻成可口可乐的印第安纳·琼斯。“我们是开拓者，身处的环境是刚刚不再对自由市场经济充满敌意的国家，”穆泰康表示，“在过去的10年里，中国也发生了同样的变化。我相信在这个世纪的第二个10年里，非洲也会出现同样的变化，这块大陆拥有10亿年轻人。”

就在东欧逐渐开放市场经济的时候，我和穆泰康却面临土耳其装瓶业严重萎缩的困境。可口可乐很少会吊销装瓶商的经营权，除非遇到特殊的极端情况，公司通常的做法是和厂商一起想办法解决问题。而在土耳其，海斯集团占据了可口可乐80%的生产量，其总裁是一位很著名也很成功的企业家。在他离世之后，海斯集团的产品质量一落千丈。那位总裁的遗孀将公司托付给了一位合伙人，当我们表示可以帮他把质量提升上去的时候，他的回应却很不友好。更有甚者，他在伊斯坦布尔约我和穆泰康见面时，桌子上竟然放了一把手枪，显而易见，他是在威胁我们。

于是，我们召集了世界各地的装瓶商到亚特兰大开会。我让保安把他带到地下室进行了彻底的搜身检查。对一个大装瓶公司的一把手来说，这可不是一般的待遇，但我们确实有必要让他知道我们对他也不信任。

就在同一时间，穆泰康的宝马车在伊斯坦布尔发生了爆炸，车彻底毁了，所幸车上没有人。我们没能查到这件事是否和土耳其的装瓶商有关。那段日子过得尤其紧张，特别是后来那位遗孀又去游说土耳其总统图尔古特·厄扎尔的夫人，希望其替她出面干预此事。穆泰康安排了我们与土耳其总统的会面。1991年1月17日，我们来到了土耳其总统的办公室，那天恰好是美国开始轰炸伊拉克的日子，第一次海湾战争开始了。厄扎尔正在观看美国有线电视新闻网有关战争的报道。

他给我们倒了一杯威士忌，然后我们三个人一起看新闻。“布什总统在跟他通电话，”穆泰康回忆着当时的场景，“当着我们的面他就两次接到了布什总统的电话，第一次通话说了一半断线了。趁着断线的时候，我们极力向他解释我们是为了土耳其好，我们来这里是投资的，没有任何恶意。”

我问厄扎尔总统为什么在和布什总统通话的时候还看电视。他笑笑说，布什当时也在看电视啊，因为电视台传递信息的速度要比白宫那些当官的快。

就这样，可口可乐公司和海斯集团好聚好散，我们终止了与土耳其的营销合作，在土耳其建立了自己的装瓶厂。如今，土耳其是可口可乐最坚挺的海外市场之一。

在我的职业生涯中，还有一次与装瓶商发生的重大纠纷，便是20世纪中期在挪威和瑞典。我从报纸上了解到挪威消费食品集团公司的装瓶商接管了普利普斯啤酒厂的业务，后者是可口可乐在瑞典的装瓶商。可口可乐根本不知道这次并购合作，这明显违反了合同约定。还有，挪威消费食品集团只想保留可口可乐在瑞典的营销权，却要放弃芬达汽水和雪碧的经营，转而做自己的品牌。对此，我们拒不接受。这下就激怒了挪威公司，他们马上对我们展开了强大攻势，而且背后还有挪威总工会支持，指控我们要废除他们在瑞典的营销权。我当时正在圣彼得堡会见可口可乐新上任的总裁道格拉斯·艾夫斯特。形势紧迫，我紧急动身飞往在奥斯陆火速成立的“战时”指挥部。

消费食品集团在司机联合工会的支持下，采取了极端做法，停止了挪威境内所有和可口可乐业务相关的送货业务，还放出狠话，一定要迫使我们在瑞典的事情上让步。电视新闻播出了愤怒的工会成员把可口可乐的产品从货架上强行清除的场景。我们全力和挪威境内其他装瓶公司联系，想尽量弥补一些损失，但是收效甚微。这是对可口可乐营销体系信誉的巨大暴击，我们当然不能示弱。如果有必要，我们宁愿退出瑞典和挪威市场。在这一点上，我和道格拉斯·艾夫斯特的意见完全一致。

说来也巧，在我和美国零售业研究会有业务往来时，我认识了一位叫斯坦·埃里克·黑根的朋友，此人拥有挪威最大的零售连锁店之一。他的连锁店不仅进口可口可乐的货，也进口啤酒。“这件事情交给我了，”斯坦·埃里克跟我说，“我绝对有办法搞定这件事情。”

于是，他下了一笔很大的可口可乐订单。挪威消费食品集团说这批货发不了。他对挪威人说那以后连啤酒的订单也不要发了。这对对方来说是个巨大的经济打击，甚至可能是灭顶之灾。就是这么简单，不久之后，事情解决了，可口可乐产品又回到了货架上。这件事情不仅彰显了零售商的力量，也展示了和客户搞好关系的重要性。

斯坦·埃里克解了我们的燃眉之急。之后，我们从长远的发展角度出发，在斯德哥尔摩和奥斯陆都建立了自己的装瓶厂，吊销了挪威消费食品集团的产品销售权，并解决了随后的法律纠纷。我们成功地捍卫了特许营销权系统的声誉，这一成就对我后来出任可口可乐公司首席执行官起了很大的推动作用。我升职之后完成了合并德国装瓶厂这一未竟之事。这是因为，德国的装瓶商在那时已经看出我是一个外表温和中庸、善于合作，内在却柔中带刚、棱角分明的人。

打破坚冰

与此同时，可口可乐在东欧国家的产业在快速发展，我们在已有的装瓶公司基础上不断加大投资创办新厂。这些国家包括保加利亚、捷克斯洛伐克，甚至还有苏联一些规模稍小的加盟共和国，如白俄罗斯等。

但想要打破俄罗斯市场这块坚冰并不容易。1990 年时，他们就同意在莫斯科开第一家麦当劳餐厅，也允许可口可乐竖起第一块红色的大型霓虹灯广告牌，可之后就没有了动静。与其他国家相比，俄罗斯在社会主义和资本主义之间的模糊地带徘徊的时间更久。他们的经济发展水平落后，许多自动售货机还是把可口可乐注入玻璃杯里，这些玻璃杯都被铁链子拴着，以防被人拿走。在俄罗斯，纸杯一点儿都不常见。自动售货机上接收硬币的装置很容易就坏掉了，所以干脆就安排了服务员在旁边向顾客收钱，顾客则拿着拴着铁链子的玻璃杯喝可乐。后面的顾客还得用同一只杯子继续喝，反复使用，也没有人清洗。不得不承认，我们在俄罗斯的发展任重道远。

我们为俄罗斯的事情大费周章，最终才和雷诺铝公司达成了一项补偿贸易协议。我们让他们生产一种金属杯，并保证每年从他们那里购买 2000 万美元的产品。可是，苏联人并不买账，他们不明白为什么要为雷诺铝公司的技术专利额外支付费用。苏联人常常骄傲地宣称他们的国家设计并研制出了优质的航空材料，所以他们不明白为什么他们这样的钢铁大国还要向国外某家钢铁公司支付专利技术费用。他们完全不理解这个道理，也无法理解资本主义的概念。出售商品为的是赢利，这对于他们来说太过陌生。那个时候，这个国度几乎没有涉及私人企业的法律、政府规章或机构。

1991 年年初，可口可乐公司决定斥资 1200 万美元在莫斯科附近建一家自己所有的装瓶厂，但外资公司在苏联境内购置土地是违法的。西方的投资者通常会与苏联人联手办合资企业，这样外方就可以以资产抵押的方式获得土地。我们不想找合伙人，而租赁土地的法律正在起草过程中，还没有形成具体条文。就连他们的政府官员也说不清楚土地的所有权到底归谁。归国家？归俄罗斯共和国？归莫斯科市政府？还是应该归占据这块地皮的国有农场？

即使确认了土地的合法拥有者，也无法确定地产的市场价格，因为这里根本就没有所谓的地产交易。就算确定了价格，也无法用可兑换的货币进行交易，因为没有可以接受缴纳40%购物税的部门。

面对重重障碍，我们依然决定一往无前。于是，我们找到了莫斯科市政府谈判。我们认为“我们想办法帮你们让政府与企业脱离关系”，对于这个国家的发展是有利的。1991 年 8 月，苏联发生了一次未遂的军事政变，接着我们目睹了莫斯科市政府整个结构的颠覆性变化，这也标志着原苏维埃联盟的终结。这场政变之后，莫斯科市长加夫尔·波波夫废除了市政府部门原有的管理系统。这样一来他们的决策程序全变了，我们也搞不清楚该由哪些部门负责我们的厂址问题。我们不得不设法和新政府的方方面面拉拢关系，比如城市私有化委员会、俄罗斯联邦土地管理委员会、叶利钦总统的下属、卫生检察官、社会团体等。我们一共聘请了 11 名律师，先后对协议进行了 15 次修改，最后，莫斯科市议会开了长达 14 个小时的会议进行讨论，我们只能苦苦等待。

市政府终于把地价定了下来。厂址地处莫斯科郊外 15 英里处，价格为 500 万美元，每年还需要另交租金，价格之昂贵堪比曼哈顿一流的写字楼，这简直就是漫天要价。我们没有签这个协议，悻然离开了市政府大楼。

后来有一次，克雷格·科汉要乘坐 10 个小时的飞机回美国，他设法买到了一张和莫斯科市长波波夫邻座的机票。科汉的父亲就是让麦当劳落户莫斯科的人。经过长谈之后，市长承认了可口可乐可以为莫斯科带来的好处，同意把最初的 500 万天价降到 80 万美元，并承诺在 49 年之内只收低价年租。

10 月 16 日到 25 日，我们又把租赁协议修改了 10 次，并决定将 80 万美元的启动资金用于资助莫斯科国际大学和购买儿童医疗卫生用品。接下来又是冗长的谈判，协议又被修改了 6 次之多。最后所有各方总算达成了一致，大家都签了字。这一天是 12 月 17 日，签字时间是下午 5 点整，再过一分钟就到了政府部门关门放假的时间。

然而事情并没有结束。土地租赁合同得等到土地注册之后才能生效，糟糕的是莫斯科和俄罗斯都没有土地注册机构。我们 1 月份用了整整一个月的时间才帮着私有化委员会“造”了一张注册单。到 1992 年 3 月，俄罗斯中央银行才签字，这块地的所有权终于归了可口可乐。我们马上订购了儿童专用的医疗器材，同时也把相应的奖学金拨给了莫斯科国际大学，之后便想破土动工。可是事情还没结束，莫斯科市拒不履行合同上的条款，按条款规定莫斯科市应该为工厂的一些公共设施的连接支付费用。可口可乐只好又额外支付了 50 万美元。这样一来，工期又延迟了一段时间。

在苏联，即使做一些最基础的商业交易，也要花费相当长的时间、精力和资源，但是我一直相信其中的商机巨大。

起初，百事可乐占据的市场份额以 10 倍的优势遥遥领先，因为他们很早就把跟苏联政府的关系做到了位。随着中央政府权力的削弱，也伴随着前国有企业的私有化，百事可乐的优势开始土崩瓦解。我们趁机抢了风头，投入了数百万资金发展装瓶厂。我们选择了 10 家典型的企业投资，它们除了包装软饮之外，还给啤酒和法国的柯纳克白兰地装瓶。这仿佛就是在赌场上掷骰子，我们的法律团队现在正在和俄罗斯一些最早实现私有化的企业签订合同。虽然合同的条款很到位，但一旦发生纠纷却没有有效的法律体系作为保障。在百事可乐看来，这样的买卖简直就是不可理喻，但他们没有意识到，中央政府的权力正在快速削弱。此外，政府财政拮据，连装瓶厂买零件的钱都支付不起。最终，我们签的合同中除了一家工厂之外，全部收回投资，甚至还赢利了。那家亏损的工厂因为老板得喉癌去世，而继承者受到了当地黑手党的控制，自然不会履行我们的协议。

我任命迈克尔·奥尼尔为可口可乐公司驻俄罗斯的新一任经理。我们最早相识于德国，那时我们两家的女儿在同一所国际学校就读。他原来是爱尔兰的贸易代表，从 20 世纪 70 年代起就一直住在苏联，可以讲一口流利的俄语。

当初，我在普希金广场开启可口可乐标牌的灯时，迈克尔就站在楼顶上，在寒风中瑟瑟发抖。他的任务是保障电路通畅，并确保牌子不会掉下去砸到楼下的观众。

迈克尔住在一间用砖砌成的乡间宅邸，房子是“二战”时期德国战俘盖的，坐落在莫斯科郊外的一片树林中，从市中心开车需要 45 分钟才能到，斯大林也曾在这里住过。一次，我到迈克尔家做客，才真正领略到俄罗斯的美景。那是一片茂密的白桦林，时值隆冬，大雪之后，天空刚刚放晴，夜色中繁星点点。那天的月色很美，大地被皑皑的白雪覆盖，周围都是密密的树林，万籁俱寂。这种场景很像小说《日瓦戈医生》中描绘的样子，小说的作者就安葬在离这里不到 2 英里的地方。俄罗斯是一片荒凉而坚硬的土地，却美丽至极。这种时候最能让人了解俄罗斯人的灵魂，一种对大地的浓厚依恋从心底油然而生。

与年轻的普京谈判

帕梅拉和卡拉有时会陪我一起去俄罗斯。一个露天的集市是她们最喜欢的地方之一，在那里可以买到高加索产的小地毯，价格非常便宜。有一次卡拉只花了130美元就买到了两块，她把一块裹在身上，在严寒中高兴得雀跃不已。

还有一次，也是在俄罗斯，迈克尔和我约好跟一群企业领导人乘船出游。我们去得有些早，于是迈克尔提议我们沿着圣彼得堡公路开车到几英里之外的柯纳克白兰地装瓶厂看一下。那时候，我们在莫斯科的装瓶厂还没有竣工，所以可口可乐的产品暂时在这里装瓶。第一排芬达汽水在这个时候正好要下线，那里的助理厂长请我们吃了饭。我们喝着芬达、矿泉水和柯纳克白兰地，吃着面包和俄罗斯香肠。他还叫了三四个监工一起，都是女士。在苏联，女性当监工是件稀松平常的事情。迈克尔充当了翻译，大家谈论着俄罗斯的新生活，一聊就是几个小时。结果，我们聊到了兴头上，把乘船出游的事情忘得一干二净。

其中有一位女监工非常怀念当初的社会主义生活，主要是因为在旧体制下，她的生活很殷实。

“暑假的时候该送孩子们去哪里呢？”她说，“过去都是国家出钱送孩子们去夏令营，那现在呢？我的孩子们只能在街上瞎跑，我自己度假也需要自费，连房租都涨了。”

一个年轻的监工却与她的观点相悖，她清楚地认识到市场改革所带来的长久意义，以及改革之后的潜在发展空间。这样的争论在俄罗斯很常见，而且不同年龄的人观点会不一样。这在俄罗斯可口可乐公司的内部也是一个问题，一些年纪较大的员工有时候很难或者说不愿意接受新体制。

那次在柯纳克工厂的坦诚交谈，是我生命中最难忘的事情之一。不幸的是，6 个月之后，这家工厂的厂长被黑手党枪杀了。

“当时黑手党找到了他，让工厂为他们非法生产柯纳克酒，他拒绝了。”迈克尔告诉我，“他们说以后还会来找他，但是绝对不会来第三次。不幸就这么发生了，一天早晨，他从家里出来，还没上车就被人打死了。”

我和道格拉斯·艾夫斯特在莫斯科装瓶厂视察时发现，在大街上听到枪声是常有的事情。一次，道格拉斯比我提前半小时离开酒店，我正从房间走出来，就听到街上响起了枪声。可口可乐公司的司机遇到了黑手党的枪战，受了重伤。庆幸的是艾夫斯特早走了半个小时，躲过了一劫。

随着在俄罗斯生活时间越来越长，我对这个国家的政府、工商及文化变得越来越熟悉。我被邀请加入了俄罗斯外交事务顾问委员会，每 6 个月就有一次与俄罗斯国家总理和内阁成员会晤的机会。这个委员会的成员是由总理提名的，大多数大型跨国公司在其中都有代表，比如英国石油公司、日本三菱公司等，这些代表基本上都是公司的首席执行官。我们探讨的问题聚焦于税率、法令和海关等方面。受益于这个委员会，我建立起了更为广泛而深刻的人际关系网，也是这个时候，我才开始真正认识俄罗斯。后来，我接替鲍勃·斯特劳斯出任美俄贸易委员会主席。我不是个中国通，但在俄罗斯的生活经历却让我变成了俄国通。生意的往来带了文化的碰撞，后来，我又成了圣彼得堡艾尔米塔什博物馆的跨国董事会成员。这是世界上最大也是最古老的博物馆之一，于 1764 年由叶卡捷琳娜大帝下令修建而成。我享受了一次意外的礼遇——到博物馆的地宫里参观古代文物，这里陈列着很少对公众开放展出的稀世之宝，那一刻对我来说真的是无价的。

可口可乐在俄罗斯开始迅速发展壮大，这让很多俄罗斯装瓶商有机会前往亚特兰大参观。这很有意思，我们很快就听说，如果有俄罗斯人要来，事先就要把旅馆里所有装酒的小冰柜清理一番，只留下可口可乐和啤酒。否则，这些俄罗斯人每天都会把里面的东西掏空，喝不完的就会装在手提箱里带回家，留下的这笔账单比房费还要高。

有一次，克雷格·科汉在亚特兰大著名的脱衣舞厅黄金俱乐部款待了俄罗斯代表团，然后交给公司一张数千美元的大账单。这对于可口可乐来说是严重的违规行为，公司内部的审计总监为此大发雷霆，恨不得炒科汉的鱿鱼。我们多次为科汉求情，最终的结果是科汉自己掏腰包买单。现在，科汉是太阳剧团的董事长，这件事情对他影响极深，他把那张票据用框镶了起来，至今还挂在他家浴室的墙上。

说起俄罗斯人的趣事，还有一次，圣彼得堡的市长阿纳托利·索布恰克来到亚特兰大访问，到可口可乐礼品专卖店买了一条可口可乐牌的内裤。来可口可乐开会的时候，他竟然骄傲地把裤子一脱，亮出了那件刚买的松紧带内裤。这就是典型的俄罗斯风格。

我们商定好在圣彼得堡建一家装瓶厂，他们派了一名叫弗拉基米尔·普京的年轻人负责谈判。此人目光犀利，是苏联克格勃的特工，时任圣彼得堡市政府对外经济关系处处长。

可口可乐很快就在俄罗斯取得了压倒性胜利，打败了百事可乐，而对方却一直都不清楚自己究竟是如何败阵下来的。

“他们还在睡大觉。”迈克尔提到我们那个沮丧的蓝色对手时说。百事可乐失去了他们曾经高达10倍的优势，到了1994年，可口可乐成了市场上的老大，至今还稳稳地坐在头把交椅上。

可口可乐把自由市场经济带入了俄罗斯和东欧。我们看到那里的人都开始如饥似渴地学习企业成功的秘诀，他们意识到，曾经自己的所学都是纸上谈兵，而这些理论在俄罗斯是始终行不通的。

柏林墙拆除之后的最初几年，一些小型外资公司没有足够的资源和耐心参加这场变革。可口可乐规模大，经得起风险，率先破冰才让这些小公司有机会涌入这片市场。自由市场经济不仅为新的企业提供了立足点，也为新民族的发展提供了基础。

我坚信自由市场经济是获得外资最强有力的方式。我们应该考虑一下，现在很多国家的政府动辄就斥资数十亿用于社会发展项目，这笔钱如果用于减税，鼓励公司到发展中国家投资，是不是会是更好的投资选择。企业的投资和社会发展项目不同，前者有更大的乘数效应，通常会导致更大规模的、盈利更为丰厚的公司出现，这会在很大程度上消除贫困。

给曼德拉颁奖

随着东欧出现翻天覆地的变化，世界上又发生了一件大事：1990年2月11日，纳尔逊·曼德拉出狱了。他在铁窗下被关押了27年，南非种族隔离制度距离寿终正寝的日子已屈指可数。

卡尔·韦尔一直到1991年还是我的下属，他担任非洲区的集团公司代理总裁。卡尔在约翰内斯堡举办了一个午餐见面会，邀请了三位南非非洲人国民大会的成员：曼德拉、塔博·姆贝基和尤瑟夫·瑟迪。我在约翰内斯堡的时候就认识瑟迪，因为我的身材比较特殊，所以需要专门定制衣服，瑟迪那时是我的裁缝。我们根本没想到这个态度亲切的商人竟然是非洲人国民大会成员。他终于在我面前揭下了面具，原来他是曼德拉手下的一名关键人物。

这次午餐会是我第一次见到曼德拉，我觉得有必要婉转地提一下我反对种族隔离的立场。于是，我提起了当年自己读大学时参加的学生运动，曼德拉把手放到我的肩膀上，有意放慢语速说："艾斯戴尔先生，别忙，我们对您的情况了如指掌。"曼德拉本来可以等我把这种近乎套近乎的话说完，但他却用这种真诚的方式表了态。

很明显，尤瑟夫已经把我的基本情况向曼德拉做了汇报。他当时面带微笑。见状，我对可口可乐在南非的前景更加充满信心。

1993 年 10 月，我获得了一项巨大殊荣，亲手给曼德拉颁发了第一枚富布莱特奖，奖金为 50 万美元，这笔奖金由可口可乐资助。那个场面至今想起来还让人激动不已。

我记得在颁奖现场，我的很多大学校友都在，大家一起欢呼雀跃着。"30 年了，时至今日，我们依然清楚地记得令我心驰神往的那一天。年轻时给人留下的清晰记忆不会磨灭，当时我们受到那些宁可丢掉性命也要结束南非种族隔离制度的人感染，还是个血气方刚的红头发爱尔兰青年。"

曼德拉谈到 1994 年南非首次民主大选的问题时说："听起来难以置信，我都 75 岁了，尽管到现在也没有参加过大选，但一想到最后还能有一次机会参与这样的事情，我就非常振奋。这应该是我几十年坎坷政治生涯的最高峰，也是我这些年为之奋斗的目标。"

后来，曼德拉不仅参加了那次选举，还当选了南非总统。这是具有里程碑意义的重大历史事件。

曼德拉的继任者是姆贝基。卡尔当时负责可口可乐在非洲的工作。我接下来又要迎接新的挑战，那是一个涉及近 10 亿人口的大市场。

Inside Coca-Cola

第六章
夺回失去的市场

昂贵的收购

可口可乐为了抗议种族隔离制度而撤出了南非，因为与以色列存在贸易关系而受到抵制被驱逐出中东，但在印度的失利则完全是另一个原因：秘方。

1977 年，印度新一届政府上台之后，提出可口可乐公司可以与印度的公司合作，但必须将配料的秘方交给印度。对于这个条件，我们没有答应。就这样我们被驱逐出了世界第二大人口大国。对于那些认为秘方不过是一种故弄玄虚的营销话术的人来说，应该从印度身上吸取教训。为了保住秘方，我们宁愿从一个近 10 亿人口的大市场撤离出来。IBM 公司也曾为了保住电脑的原始密码做过同样的事情。

从 20 世纪 90 年代初开始，在时任财政部长曼莫汉 · 辛格的推动下，印度开始采取自由的经济政策。后来，辛格成了印度的总理。于是，可口可乐等到了重返印度市场的机会。

由于约翰 · 亨特在重回印度市场的工作上进展缓慢，总部于

1993年把印度市场的工作交给了我。我在非洲的职务由卡尔·韦尔接替。我喜欢卡尔这个人，也很尊重他，但对总部的决定依然觉得很不舒服，因为我这个一辈子都跟非洲联系在一起的人，又要离开非洲了。还有，失去非洲之后，我的分管集团销售额一下子减少了一半，可口可乐当时在印度市场的销量根本不值一提，这回我又接手了一个需要扭转大局的市场。

对我来说，这算是一个沉重的打击，我甚至想到了辞职。自从在德国那个晚上我和海因茨·维措雷克发誓要辞职之后，还没有产生过类似的念头。但这次情况不同，我马上就要到知天命的年纪，也快要退休了，所以我还是得忍下去。我对帕梅拉说："我要把这个市场做得跟我从前掌管的市场一样大，我要让他们看看我的能耐。"唐纳德·基奥和约翰·亨特也安慰我，他们说这次调动并不是因为我表现不好，而是形势所迫，我的前景依然非常光明。

后来，我发现在印度工作既有趣又愉快，而且颇具挑战性。在我工作过的国家里，这里是最迷人的，同样也是让我备受挫折的地方。在我的记忆中，在印度见到的很多场面都令人惊叹。帕梅拉和我永远都不会忘记在德里目睹的那次大撤退节。这是一个军队的庆典，历史悠久，可以追溯到17世纪。我们还从来没有经历过那种场面，每年1月在国会大厦前举行，日落的时候，聚光灯一起打开，对准骆驼兵团，一流的军乐队开始奏乐，军队从检阅台前走过，有些士兵穿着苏格兰方格短裙，吹着风笛。撤退的号角一响起，印度的旗帜就慢慢降下，军乐队随之退场。这时候你如果闭上眼睛，就会觉得英国对这里的统治并没有结束。

我接手印度的工作时，可口可乐重返市场还处于一种微妙的探索阶段。可口可乐在亨特的授意下与印度的拉詹·皮莱合伙创建了一家合资企业。拉詹·皮莱是总部设在印度的面点厂家大不列颠饼干公司的控股人，同时，他还与其他投资者合作并购了雷诺兹–纳贝斯克公司在亚洲的分公司，其合伙人中就有雷诺兹–纳贝斯克的前总裁F. 罗斯·约翰逊，也是唐纳德·基奥的朋友。

我们希望拉詹·皮莱可以把他设在新加坡的一个快餐公司搬到印度新厂，这个厂就是生产可口可乐原浆的地方。为了庆祝合资成功，皮莱在孟买的宅邸中举办了一场奢华的聚会，还请来了杂耍演员、舞蛇专家和众多宝莱坞顶尖影星，还有印度各界的名流。看到这些，我突然想起了可口可乐公司早期的那种保守形象，我嗅到了一种迂腐的气息。果然，皮莱的这次聚会花费的是合资企业的钱，这相当于我们为这场奢华的闹剧买了单。

事后不久，我便开始谈判，希望可以终止与皮莱的合作关系。与此同时，皮莱的产业也开始土崩瓦解，新加坡也有人以诈骗罪起诉了他。他的反应很快，马上就逃回了印度，三天两头换酒店逃避追捕，过起了逃亡的生活。后来，我在德里的一家旅馆偶然遇到了他，虽然他是个被追捕的人，却还像老朋友一样大大方方地走过来打招呼，与我热情地互相问候。按照爱尔兰人的说法，他可真是个可爱的淘气包。很遗憾，1995 年，皮莱患了肝硬化，因并发症在印度的监狱里辞世。

后来，我们把注意力放在了帕勒饮料公司身上。这家公司占据着印度软饮市场 60% 的份额。而且，该公司还开发了一种叫作 Thums Up 的辛辣饮品，在市场上很受欢迎。这个品牌是可口可乐在 1977 年撤离印度市场之后出现的。

彼时，分管重返印度市场的具体事务的负责人是杰伊·拉贾，他是我之前的市场经理。他是第一个反对和帕勒公司接洽的人，理由是帕勒公司是把可口可乐从印度驱逐出境的第一幕后黑手，而1992年印度政府允许可口可乐重返印度市场时，又是帕勒出面反对。另外，杰伊还怀疑帕勒正在与百事可乐商议合资的相关事宜。

此时，帕勒方面一些关键的装瓶商却在和杰伊套近乎，想投靠可口可乐。

帕勒公司的老板是一对兄弟，一个叫拉梅什·乔汉，另一个叫帕卡什·乔汉。这兄弟俩脑筋很灵，意识到他们夹在可口可乐和百事可乐两大巨头之间不会有什么生存的余地。于是，拉梅什找到杰伊说："当大象打起架来，被踏平的只能是草。"

事实上，在我看来，帕勒并不是一个理想的合作伙伴。它的装瓶设备太过落后，急需升级。可是，它的优势又很明显——在全国已经形成了系统网络，这就为可口可乐快速打回潜在的巨大市场提供了便利条件。这样可口可乐可以轻松获得印度60%的软饮市场份额。只要我们再引进其他的可口可乐产品，便能稳坐行业第一的位置，想要进一步扩张将会变得非常轻松。

我们下了血本，出资3200万美元并购了帕勒公司，当时是考虑到印度的市场巨大，而且帕勒是个龙头。我们还以为占了大便宜，可后来发现，印度的软饮市场行情并不好。"全印度软饮料的总销量也不过是亚特兰大一个城市的销量而已，"我手下负责具体事务的执行经理约翰·希顿回忆当时的情况时说，"很多印度人根本买不起饮料。他们只是买茶水、咖啡和牛奶，或者在路边的小摊上买点儿果汁而已。"

希顿记得当时印度每年人均软饮料的消费量大约在3瓶左右。我1984年离开菲律宾的时候，菲律宾每年人均消费软饮料的数量大概是134瓶。从这一点就能说明软饮料在印度的销售面临多大的困难。但是，正是这样的状况，说明这里蕴藏着巨大的上升空间。

拿下60%的市场

我们给了乔汉兄弟很大的优惠，让他们拥有在整个孟买和德里部分地区的装瓶营销权，这中间的利润绝对不低。经过反复商议，最终总算把并购的价格敲定了下来，足足40万美元。

帕卡什很乐意卖掉这个产业，但哥哥拉梅什的态度却非常冷淡，他不愿意轻易放弃印度软饮料之王的称号。他的照片常常出现在杂志封面上，潇洒非常。虽然很不情愿，但他最终还是做出了让步。在亚特兰大签合同的时候，他和夫人在现场几度哽咽。

乔汉兄弟在孟买的家里举办了一场体面的宴会。遗憾的是，我乘坐班机回美国的时候生了病，我马上注射了抗生素，这种药我总是随身携带以防不测。一回到亚特兰大，我就让司机直接把我送到了皮德蒙特医院。医生说这是一种阿米巴原虫感染，叫作志贺氏菌，在宴会上吃的东西没问题，问题出在饭前与别人握手上，这种病菌主要是通过握手传播。这一病，我一个星期都没上班。

乔汉兄弟找了一位占卜师占了一卦，说公司的交接时间应该是在周六下午3点。于是交接的日子就定在了1993年11月11日。交接仪式由约翰·希顿和杰伊出面，我在楼上的办公室做自己的事情。结果又是没完没了的讨价还价，把那个占卜师搞得很没情绪。到了午夜时分，约翰提议先把简单的文件签了，剩下没有谈妥的部分第二天再说。

就这样，我们拿下了60%的市场份额，这算是打了一场翻身仗。事实上，印度确实是一个很难打开的市场，媒体的炒作也很厉害，有时候为了一点儿鸡毛蒜皮的事情也会闹得不可开交。

1993 年 10 月下旬，我们在泰姬陵的所在地阿格拉为可口可乐在印度的第一家装瓶厂举办了落成庆典。这是件大事儿，各国媒体都纷纷予以报道。“内维尔，我们遇到了一点儿麻烦。”可口可乐的一位公关经理对我说。原来是有位记者看到生产线上有个小男孩儿在干活，于是这位记者就想写一篇报道说可口可乐重回印度市场雇用童工。我们赶紧找到那位记者，向他保证这里绝对没有童工，然后就赶紧去找到他口中的那个孩子。结果证明那个孩子不是我们的工人，是一个员工的孩子，当时他正煞有介事地穿着白大褂骄傲地“视察”我们的生产线。我们遇到过很多次类似的情况，险些让我们声名俱损，这一次就差点儿从重返印度的喜悦中坠入雇用童工的是非之中。

遭遇这样的麻烦事其实也值得，尽管处理这种事情会浪费一些时间。在头两年里，我们在印度的销量陡然上升了 50%，占据了大约三分之二的市场份额。虽然获得了这样的成功，杰伊 · 拉贾还是在两年后辞职离开了可口可乐，因为在这段时间里，他一直在受夹板气。印度的媒体骂他推销可口可乐和芬达汽水，扼杀民族品牌 Thums Up，而可口可乐总部的高管则反着使劲儿，其中就包括道格拉斯 · 达夫特，他当时负责亚洲地区的业务。还有塞尔吉奥 · 齐曼，是他在 1985 年研发出了新品牌可口可乐，那场灾难之后他辞职了，1993 年公司又重新聘用了他，当时他是可口可乐的首席营销官。我对 Thums Up 没有兴趣，但包括我和杰伊在内的很多管理人员都认为放弃 Thums Up 会给公司带来巨大的灾难。就连当时的公司总裁唐纳德 · 基奥在我们并购印度企业的时候也曾征求我们的意见，是否应保留 Thums Up 这个品牌。如果保留，是否意味着在印度市场将会出现两种可乐呢？我的回答很明确，Thums Up不属于可口可乐系列，它只是一种辛辣饮料，和胡椒博士相似。唐纳德又问我印度的消费者是如何评价这种饮料的，他认为有一部分印度人的确认为Thums Up就是可乐的一种。对于这一点，我也承认，可那部分消费者的看法是错误的，因为这种饮料的名称中根本就没有可乐的字样。唐纳德这才满意，同意我们保留Thums Up这个印度本土品牌。直到今天，Thums Up依然是印度人的首选饮品。

这时，乔汉兄弟又往杰伊的伤口上撒了一把盐。他们现在是古吉拉特邦装瓶厂的老板，这本来是可口可乐所有的装瓶厂，但后来他们把这项资产转卖给了百事可乐。所以，杰伊就面对一个百事可乐旗下的可口可乐装瓶商。我们将乔汉兄弟告上了法庭，法院判我们胜诉，禁止这个厂商为可口可乐装瓶。杰伊认为这让百事可口有所收敛，不再对印度境内的可口可乐装瓶厂发起类似的攻势。可达夫特却为此责备杰伊，认为他太过小题大做，从而伤害了与乔汉兄弟之间的关系。

达夫特还逼着杰伊在印度组建一个统一的大型装瓶公司系统，他说："我来告诉你世界级的装瓶系统是什么样子，学学中国，在印度也搞一个。"从长远角度来看，达夫特的想法是对的，印度市场的价格竞争非常激烈，所以只有装瓶体系的高效和低耗才能确保获利。

杰伊却提出了不同的见解，他认为印度的基础设施条件不足，满足不了归属于公司的直属大型装瓶体系的运转，目前最好的办法还是与持有营销权的装瓶散户合作，改善工厂的设备。杰伊的思路也不无道理，毕竟在当时他对印度市场的认识要比任何人都深刻。此外，杰伊也担心一旦抛弃现有的印度装瓶商，有可能会违反可口可乐公司对印度政府的承诺——扶植当地的私人企业。

就在这个时候，杰伊想签下一名年轻的板球明星萨钦·泰杜尔卡，作为可口可乐的代言人。此事遭到了齐曼的反对，他觉得这笔投入会打水漂。结果，人被百事可乐抢走了，后来证明泰杜尔卡是有史以来最棒的板球运动员。2011 年年初，可口可乐和久违的泰杜尔卡签约，而那时他已经走到了运动生涯的尽头。

杰伊的离开让我非常伤心。此人非常有才华，在很多紧要关头都能拨正航向，不得不说，他为可口可乐的壮大打下了坚实的基础。我们在印度的销量随着时间的推移稳步上升，现在印度已经成为可口可乐增势最猛的市场之一。在这个市场上，可口可乐投入了四大品牌：Thums Up、梨木卡、雪碧和芬达。但说来说去，直到 2009 年，可口可乐公司才在印度市场上正式开始赢利。

独立上市

杰伊离开的时候，我已经不再管理印度的事宜。那时候，道格拉斯·艾夫斯特接替唐纳德·基奥成为公司的总裁。唐纳德退场时与罗伯托·戈伊苏埃塔一样，引入了一支年轻的管理团队，可以看出，这些人都是一心一意要辅佐艾夫斯特的。艾夫斯特的升迁无疑打破了约翰·亨特在可口可乐的计划。可约翰本来就是唐纳德钦定的接班人，一直以来都是可口可乐国际事务的管理者。1995 年，艾夫斯特曾把欧洲大区的业务从亨特手中抢下来交给了我。我跟约翰之间的关系一直有些僵持。我跟他一样，原来都是一心一意为可口可乐打拼，而且早已经与可口可乐之间有了无法分割的关系。是约翰启动了菲律宾的大事件，这对我后来的发展至关重要。约翰猜疑我在欧洲时做过什么手脚，而事实上我什么都没做。新任总裁一上任就委派我掌管欧洲的业务，我欣然接受。事情就这么简单，我变成了与约翰比肩的同事，有事情就向艾夫斯特汇报。加上美国区的总管杰克·斯塔尔，我们成了可口可乐总体运营的三驾马车。约翰又勉强待了一年，但这是令人极其尴尬的一年。约翰按照惯例每个月要听取一次下属的工作汇报，我每次都要到场，可我已经不是他的下属了，他也觉得很不痛快。“希望事情可以就这么过去。”我找准时机对约翰说。“可我不这么认为。”他的答复显得很生硬。当然，日久见人心，我和约翰早就重归于好，还经常一起吃饭、参加一些社交活动。他本来能成为一个伟大企业的领导人，但是事情就是如此不遂人愿。

到了 20 世纪 90 年代中期，欧洲成了我的管辖地，这在可口可乐可是一个举足轻重的位置。公司总利润的三分之一掌握在我的手中。

正是在这个时期，我与塞尔吉奥·齐曼之间发生了很多故事。比如，有一次在马德里开会，负责西北欧事务的加文·达比在总裁艾夫斯特讲话前先做了一个简单的情况介绍，当时有很多总部的管理层在场。加文讲话有点儿拖沓，塞尔吉奥就开始打瞌睡，然后干脆就往地板上一躺，假装睡着了。我看了艾夫斯特一眼，他没有什么反应。这就是塞尔吉奥独有的那股劲儿。他对营销一窍不通，却跟下一任首席执行官艾夫斯特相处甚为亲密，和公司的大老板罗伯特也是密友。塞尔吉奥是墨西哥人，罗伯托是古巴人，两人在公司讲话全用西班牙语。

会议结束，我叫住了艾夫斯特，拉着他一起散了一会儿步，我直截了当地告诉他我无法容忍塞尔吉奥的行为。“牛身上总是有些寄生虫，”艾夫斯特说，“况且，这还是一头大牛。你就认了吧。”

塞尔吉奥还跟掌管拉美事务的韦尔登·约翰逊过不去。他逼着上面施加压力让韦尔登离开公司，结果韦尔登真的被赶出了公司。获胜的塞尔吉奥趾高气扬地走进我的办公室，让我给他奖赏。我从口袋里掏出一个硬币丢给了他。

“我会让你好好领教一下这枚硬币的价值，”塞尔吉奥对我咆哮道，“马上滚蛋，你就是下一个韦尔登！”自从我穿上可口可乐这身“官服”之后还是第一次觉得这么不爽，我现在是要考虑一下如何把它脱下来了。

可口可乐首席执行官的位置显然跟我没有半毛钱关系。有一天，在总部的餐厅吃饭时，罗伯托告诉我他打算长期担任可口可乐的首席执行官和董事长。最终他会让艾夫斯特接任首席执行官的职位，董事长则还是由他继续担任。作为兼职职位，这倒是也适合他，罗伯托通常会在上午 8 点来上班，下午 4 点下班回家。他既是一位战略家，也是可口可乐公司的标志性人物。作为策略的一部分，他决定授予各个集团总裁更多的职责，还给他们加薪，当然我也是其中一员。他要让这些高管在公司的运营中起到更为重要的作用。他也希望我留在总部担任职务，其实我在这样的位置上没有什么可以施展的。要说我在官场上也不是无能，主要是自己觉得不舒服。我这种情绪常常会在不经意间流露出来，写在脸上。我想亲自管理一家公司，不管遇到什么问题我都能有最佳表现，菲律宾就是个典型的例子。

我开始考虑退休的事情。我计划在 55~58 岁的某个时间退下来，然后完成三件事：保证身体健康，和知识界保持紧密联系，好好陪陪帕梅拉。

我把自己对未来的规划告诉了罗伯托和道格拉斯·艾夫斯特，告诉他们我想在职业生涯的最后几年间负责一个具体的上市公司。我55岁就到退休年龄了，我手里还持有股票和期权，这是一笔划算的交易。于是，罗伯托和道格拉斯·艾夫斯特决定专门为我设立一家公司——可口可乐饮料公司。这家公司将由欧洲的装瓶商合并而成，在伦敦证券交易所上市。这可真是一场及时雨，不久，可口可乐对股票期权的年龄限制就提高到了58岁。

我们在讨论可口可乐饮料公司的具体细节时，罗伯托的身体状况明显每况愈下。他的烟一根接着一根，但他就是执拗地不去体检。最终，我们发现他的记忆力也开始衰退。在每月一次的管理层碰头会上，他抱怨我们，说我们这些管理人员做事情之前不向他汇报。可事实上所有的事情，我们都是跟他打过招呼的。道格拉斯·艾夫斯特召集我们开过一次重要的会议，他说："罗伯托身体已经不行了，这大家都能看出来。我们要团结起来帮助他，公司实际的运营管理就要靠我们了。"

9个月之后，也就是1997年10月18日，罗伯托去世了，死因是肺癌并发症，享年65岁。他去世的前三天，我去埃默里大学附属医院看望他。"照看好我的公司。"他一再嘱咐我。罗伯托在董事长兼首席执行官的位置上待了长达17年，想想还真是令人难以置信。他把公司的市值从当初的40亿美元做到了现在的1500亿美元。仅仅1996年一年间，股东们就得到了46%的高额回报。直到今天，可口可乐的市值才平了罗伯托当年在任期间的最高纪录。董事会推选艾夫斯特成为新一任董事长兼首席执行官，这也是意料之中。那年秋天，我开始准备动身去伦敦，打算1997年年底正式结束在亚特兰大的工作。然而，直到次年2月，艾夫斯特才找到接替我的人选。严格来讲，我这算是离开了可口可乐公司，因为可口可乐饮料公司作为一家独立的上市公司存在。我离开总部的时候，秘书们发现可口可乐没有为我安排告别会，于是赶忙准备了一个小型的欢送会，艾夫斯特没有来。所以，可口可乐公司也没有跟我正式告别。

亚洲金融危机

到了伦敦，我们租了一间两居室的公寓。帕梅拉和我觉得没有必要再举家搬迁过来——像我们此前的几次一样，因为我们相信这应该是我职业生涯的终章，以后就不需要再搬来搬去了。我们还认为这应该是一次短期的工作安排，可能不会超过三四年，所以帕梅拉还是定居在亚特兰大，我在伦敦停留的时候，她会到伦敦来陪我。作为这家新公司的首席执行官，我可以控制自己的差旅行程和时间，所以在彼此都方便的时候，我就会在伦敦停留。卡拉那时候已经是南卡罗来纳大学的学生了，这么多年的奔走之后，卡拉已经彻底变成了一个南方姑娘。

在可口可乐饮料公司上班的第一天非常惬意。我远离了可口可乐总部越来越恶劣的氛围，在伦敦有了自己的公司。从经济上来讲，我的生活有保障，有可口可乐的股票期权，还有退休金，经营着自己的公司，用自己的方式创造它、发展它。

我的任务是接管坐落在澳大利亚的装瓶公司可口可乐阿玛提尔公司在欧洲以及可口可乐在意大利的装瓶业务，这两家的业务合并之后组建成了我的新公司。1998 年 2 月，我在伦敦单枪匹马地开始了新工作，第一项任务就是组建团队。我聘用了克雷格·欧文斯作为我的首席财务经理，他当时是可口可乐公司派驻法国的直属装瓶公司负责人。如今，克雷格也离开了可口可乐，成为金宝汤公司的首席财务官。我的首席律师则是我从亚特兰大带过来的约翰·卡尔亨。此外，我还将在伦敦负责可口可乐招聘事务的人事主管辛西娅·麦卡格调派过来担任人力资源主管；投资关系则由加文·贝尔负责。我们这些人都在一间办公室工作，慢慢积累股本。股票的收益归可口可乐阿玛提尔公司所有，因此，我和克雷格与阿玛提尔公司的老板们就原始股的价格问题讨论了很久。克雷格、加文还有我几乎跑遍了整个欧洲，然后又去了美国，向投资公司介绍股票的情况，并一起探讨了利息问题。任何发行过原始股的人都知道这个过程是非常累人的，而且无比枯燥乏味。三个星期之内，我们一共召开了89次会议，一遍又一遍地重复同样的问题。很显然，投资者们都很喜欢我们这个管理团队，并且对于新增一家实体公司的决议也表示赞同。我们13次超额认购股票。到了1998年6月，我们和投资银行合伙商议了上市价格。事实上，我犯了一个错误，不应该同意大的价格浮动范围，当时我没有想到价格的上限能吸引这么多的投资者。阿玛提尔公司的高管从悉尼致电过来，表示对超额认购很感兴趣，希望可以为股票出更高的价格，比我们定的上限还要高，这会使股价更高。同时，他们还向我施压，要我提供作为创始人的收入证明来佐证这种虚高的价格。

我还一度被主要的投资银行甩到了一边，那个银行的行长是个很官僚的英国人，他认为我根本不懂股票运作。“这是你们的首批原始股，对不对？”他问道，“价格应该让卖方和银行来决定的，你没有发言权。”

我的回答也很直接，“可是公司的管理人员是谁呢？”我反问道，“你们给出的价格如果超过上限，那这公司我就不管了。”我的工作是要为阿玛提尔公司获取最大的回报，而不应该超过先前定好的价格浮动范围。他们不客气，我也要还以颜色。最终我还是在这场抗衡中获得了胜利。1998 年 7 月 13 日，股票以浮动范围的高位价格上市，公司市值 27.2 亿美元。

股票成功地高位运行了 6 周之后，俄罗斯爆发了严重的经济危机，这场危机是由亚洲金融危机引发的。亚洲的金融危机直接导致了对石油等商品的需求量锐减，而俄罗斯的经济对石油出口的依赖性很高，所幸，我们可口可乐饮料公司没有对俄业务。但俄罗斯的危机造成了世界股票市场的萎靡。可口可乐饮料公司的股价开始下跌，把新加入我们的投资商搞得很郁闷，还有很多买了我们股票的朋友都赔了。我在 2011 年离开可口可乐饮料公司的时候，股价都没有恢复到原始股那么高。除了受到俄罗斯经济下滑的影响，比利时于 1999 年出现了食品污染恐慌，可口可乐的销量受挫。比利时没有我们公司的装瓶商，尽管最后也没有找到任何食品污染的迹象，但是这种惶恐依然发生了。艾夫斯特没能处理好这个问题，他的职业生涯也因此受到重挫，可口可乐在欧洲的销量和利润一度下滑。

拒绝自杀式降价

大家一直认为可口可乐饮料公司会吞并整个欧洲装瓶业的所有厂家。我们率先锁定的目标是总部设在雅典的希腊装瓶公司。这家公司的老板是莱文蒂斯家族。该家族于 20 世纪 70 年代收购了可口可乐在希腊的装瓶厂，并开始扭亏为盈。他们还拥有在尼日利亚的营销权，在爱尔兰、俄罗斯、罗马尼亚、保加利亚和东欧的其他国家和地区也有工厂。

安德鲁·戴维经营了许多家族企业，其中就包括装瓶厂。当初我曾经跟他因为装瓶质量问题在尼日利亚发生过冲突，后来又变成了好朋友。他对爱尔兰有很深厚的感情，在三一学院读过书，是橄榄球狂热分子。所以，多年来我们两人的关系一直非常密切。

我决定把希腊装瓶厂和希腊装瓶公司合并，合并之后的合资企业由我负责经营。就这样，我们的上市股票也转移到了希腊，否则这给人的印象会更像是一场并购而非企业之间的合并，莱文蒂斯家族也会因此避免缴纳沉重的赋税。这场合并工作于 2000 年 8 月完成，新公司叫作可口可乐希腊装瓶公司，是世界上最大的可口可乐装瓶公司之一。莱文蒂斯家族在新公司里持股 23%，可口可乐公司持有 24% 的股份。遗憾的是，刚刚完成合并不久，安德鲁·戴维就去世了。他的哥哥乔治接任了公司董事长的职务，他总觉得我在这场合并谈判中占了安德鲁的便宜，可事实上并非如此。因为这样的芥蒂存在，我跟乔治的相处一直都不算融洽。

在欧洲还有一桩合并的事情令人伤透了脑筋，那就是可口可乐企业公司。这家公司的总部设在亚特兰大，控制着在英国的营销权。可口可乐希腊装瓶公司成立不久，我在安德鲁·戴维的伦敦住所里，与他们公司的首席执行官萨默菲尔德·约翰逊进行了长谈。萨默菲尔德对合并的事宜饶有兴致，可见面之后又打来电话告知时机不够成熟。之后，这件事情的进展就一直不算顺利。

与此同时，匈牙利也是很难应付的市场，在那里，可口可乐和百事可乐之间爆发了一场价格大战。只要百事可乐一降价，匈牙利的可口可乐装瓶商就马上行动，两方就像斗鸡一样。对于这一点，我在菲律宾时深有体会，于是，我希望能够通过良性沟通来解决矛盾。我告诉匈牙利的管理层，百事可乐这是在玩儿命，可口可乐也在玩儿命，百事可乐的降价是因为母公司给予了足够的补贴，这种方式是不可能长久的。“我们率先涨价。”我建议匈牙利方面。就这样，我们先涨价了，之后大约三周的时间里，可口可乐的销量一路下滑。又过了一段时间，百事可乐撑不住了，他们也开始效仿我们涨价。要知道，这三周我可是度日如年，每天心都要提到嗓子眼儿了。

与此同时，我们还意识到需要说服可口可乐总部，让他们降低原浆的价格，这可不是件闹着玩儿的事情。

罗伯托·戈伊苏埃塔去世前曾经对华尔街说过可口可乐有了一个新的增长点，那就是装瓶权的交易。我们的公司就是在并购装瓶厂，再将其升级改造，然后以更高的价格出售给投资人。举例来说，我们在东欧并购了一些厂家，然后卖给了可口可乐阿玛提尔公司。有人觉得我们这么做太黑，但是可口可乐公司确实从中赢利了，华尔街也高兴了。1998 年 7 月，可口可乐的股票达到了创纪录的每股 88 美元。但这也存在问题：像可口可乐阿玛提尔这样的公司，用美元高价收购一家装瓶厂之后，为了收回投资就需要加大利润空间，自然就要涨价。从短期看，这对可口可乐确实是有利的，因为这带来的结果是可以预见的——原浆的价格也会得到提高。

然而到最后，这场资本的游戏结束了。装瓶厂商不敢再继续提价，否则就要丢掉市场份额。1998 年年底，包括匈牙利和东欧一些国家在内的价格战彻底销声匿迹。

2000 年，我和安德鲁·戴维同行前往亚特兰大，那时，戴维已经是可口可乐希腊装瓶公司的董事长。此行是因为道格拉斯·达夫特要见我们。他是继道格拉斯·艾夫斯特之后的新一任可口可乐首席执行官。我努力谏言，希望达夫特可以同意降低匈牙利的原浆价格，只有给匈牙利喘息的机会，才能让那里的装瓶商重新站起来。

可达夫特麾下的第一任可口可乐总裁杰克·斯塔尔首先提出了反对意见。

“可口可乐公司史上从来没有过，而且日后也不可能开这样的先河。”杰克急了。

“好”，我平静地回复他，“那你就要等着你手里的这家装瓶厂破产了。”

达夫特是个讲信誉的人，他意识到旧的管理模式已经远远无法适应新的市场环境，于是他同意了先降低原浆价格的提议。这一决定无疑会损害公司的利润，也会挫伤可口可乐的股票价格，还可能会对达夫特的职业前程带来危害。这是落到他肩上的一项重责，但是他鼓足勇气，义无反顾地做出了正确的选择。

被推向台前

我承诺过帕梅拉，会在 58 岁的时候退休，弥补这些年缺失的对她的陪伴。我能看出来，我和新成立的可口可乐希腊装瓶公司董事长乔治·戴维之间的关系可能会出现问题，尤其是在他哥哥安德鲁去世之后。2001 年年底，我宣布离开公司。我已经完成了自己的梦想：让公司上市，合并欧洲大部分装瓶企业。此时，可口可乐希腊装瓶公司开始讨论要从可口可乐公司手中把俄罗斯的装瓶业务收购过来。这件事情最后在 2002 年由我的继任者艾瑞尔·菲南出资 1 亿美元完成了。此前的一年里，可口可乐公司曾出过底线 5 亿美元，我没有去谈。时至今日，俄罗斯的装瓶业价值应该在 10 亿美元左右，这是我涉足过的最赚钱的生意，但对可口可乐来说并不是件好事儿。

我和帕梅拉在巴巴多斯买了一幢房子，一切都安顿妥当了。退休之后，我们冬天就在巴巴多斯，夏天去法国，春天去亚特兰大，那时候杜鹃花盛开，高尔夫大师锦标赛也开赛在即。

之后，我们开始在巴巴多斯的房地产市场做一点儿小生意，开了一家小型的投资公司。我还成了一家做商用节能冷却装置公司的大股东，这家公司叫阿尔斯莱特公司。后来当我受命作为董事长兼首席执行官重回可口可乐的时候，心想着阿尔斯莱特的股票就由它去吧，可是没有想到，这种装置在可口可乐已经开始被大范围使用。当然，退休之后的这段时间，我的高尔夫球技也大有长进。没有了日常的工作压力，我的体重也减了15磅。我和帕梅拉常常出去玩，新西兰的塔希提岛是我们常去的地方，当然，最主要还是去非洲。渐渐地，可口可乐已经开始被我遗忘了。

直到2003年8月，我接到了一个电话，是一位老朋友打来的，他之前也在可口可乐做装瓶业务，这时他的身份是咨询师。多年前在波兰的一个周日上午，我们庆祝在东欧的第一家装瓶公司开业，我和他就一起坐在圣布里奇德教堂的第一排座椅上，这是我终生难忘的事情。“内维尔，我们很多人在一起商量过了，我们希望达夫特下台，让你回来执掌可口可乐。”我的老朋友说道。这时候大家的收入都在下降，可口可乐的股票价值还不及1998年高峰时的一半。更可悲的是，可口可乐员工士气低落，连达夫特也失去了工作热情。他常对别人说：“我要尽一切办法让你们把我赶下台。”听上去是在开玩笑，事实上却是真情流露，达夫特太累了，已经筋疲力尽。

我对这位朋友的答复是“谢尔曼式的声明”——如果被提名，我不会接受；如果被选上，我不会就职。“这事儿我不想参与了，”我对他说，“我已经退休了，日子过得很舒服。我的夫人希望我能多陪陪她，你们就不要打我的主意了。”我说他们没有权力在没有经过我允许的情况下，把我的名字列上候选人的名单。

但是他们根本没有理会我的态度，依然在幕后行动着，非要把我推上台。此外，还有一些人也给我打了电话，我的回答照旧：“我没有这个兴趣。”一直到次年春天，唐纳德·基奥居然亲自出面，为了这件事来说服我，我一下子觉得这件事情严重起来。

Inside Coca-Cola

第七章
重构发展模式

客户永远第一

在罗伯托·戈伊苏埃塔去世之后，可口可乐公司便一蹶不振。此前很多年，可口可乐一直吉星高照，这要归功于两位英明的领导者：罗伯托·戈伊苏埃塔和唐纳德·基奥。但是现在罗伯托辞世了，基奥也退休了。道格拉斯·埃尔斯特成了后罗伯托—基奥时代的第一位掌门人，但他的任期很短，大概只有两年多一点儿时间，他就辞去了董事长兼首席执行官的职位。之后达夫特上任，坚守了4年。老实说，达夫特应该早一点儿下台才是，我觉得他之所能留下来，部分原因是董事会不想面对那个残酷的事实：他们推出的两位领导者都没能让公司重回正轨。

公平来说，这是罗伯托在位时制定的策略并不具备可持续性所带来的问题，尤其是当时的策略没有将全球经济形势的变化考虑在内。他把可口可乐推到了极端的境地。早前，罗伯托曾对华尔街夸口："我们能让每只股票的收益达到15%。"而我们这些在一线奋斗的人却认为这个数字定在11%~12%才算合理。当时我也曾向他表明这样的态度。“不会有问题的，放心吧。”罗伯托回应道，“华尔街那边希望是 15%。”因此，长期以来，公司及高管都只能按照他的方针做事，他甚至在 1998 年下半年全球经济形势明显对我们不利的情况下仍一意孤行。

可口可乐公司的现任首席财务官加里·法亚德是当时的会计部主管，他对那年的事情记忆犹新。“1998 年上半年，我们的增长额是 12%，”他回忆道，“5 月，我们在亚特兰大召开了一次大型分析师会议，与会代表问我们准备什么时候提高收入和增长目标。我坐在会场后面看《金融时报》，上面的大篇幅报道配着显眼的大标题：‘亚洲感冒，俄罗斯疲软，阿根廷崩溃’。除了美国，全球经济都不景气。但可口可乐的销量仍在直线上升，而且还在招聘八方人士。装瓶商们也在建厂房、贷款，遍地开花地大肆发展。”

没过多久，这场经济“动荡”就开始触及可口可乐的运营底线。

“1998 年下半年，我们的销售利润从 12% 下降到 0，”加里说，“一夜之间，世界停滞了。我们的业务也停滞不前，可是我们已经雇用了那么多人，装瓶商因为扩建厂房、并购而欠了大量的债款，处境非常凄惨，公司的管理费用也日益增加。”

1999 年，艾夫斯特启动了一项计划，后来由达夫特执行。这项计划名为“战略性精简机构计划”，实际上就是要大规模裁员。这在可口可乐的历史上可是前所未有的事情。以前谁要是在可口可乐谋到一份工作，基本上就算是有了一个铁饭碗，这辈子都稳定了。这次可口可乐一下子就解雇了 5000 多名员工，公司元气大伤。

“裁员毁了公司，”加里回忆说，“我们从此没有了士气，失去了奋斗的动力。从那时候起，我们就开始迷失方向。”

没错，公司确实需要缩减开支，但这次裁员的效果不尽如人意，与其说是战略性精简机构，还不如说杀鸡取卵。很多被裁的人都是拥有一技之长、深谙业务的管理层。比如，有一些被解雇的员工后来办起了咨询公司，反过来为可口可乐提供服务，结果我们花出去的钱更多了。2000 年 1 月，达夫特约我见面，让我讲一下可口可乐饮料公司和希腊装瓶公司合并组建可口可乐希腊装瓶公司的过程。这个过程说不上完美，但我们当时首先确定了立足点——界定清楚什么是需要做的工作，这样才能辨认出在什么环节会存在重复建设或机构臃肿的现象。规划好公司的组织结构之后，我们开始行动。如果有两个或两个以上的人都适合某个位置，我们就启用评估程序挑选最佳人选。这样可以保障组建效率更高、更为精干的管理结构，同时保留最优秀的人才。虽然达夫特听完之后赞扬了我们的做法，但是他偏偏不从中学习。我真的希望他当时能听我的，那么事情就不会发展到后来的境地了。

我接任董事长兼首席执行官之后，公司的雇员之中依然弥漫着一种惶恐和愤懑的气氛。很显然，我的任务很艰巨。2004 年 6 月 1 日我上任的第一天，就迅速扑灭了一场燃眉之火。由于事关重大，我那天没有办法去办公室，也没有待在亚特兰大。我跑到了芝加哥，坐在可口可乐最大的客户麦当劳的总部里。

可口可乐的总裁史蒂文·海尔，也就是当初考虑董事长兼首席执行官人选时公司内部唯一的人选，狠狠地得罪了麦当劳。他盯住了可口可乐和赛百味的新合同，还放出风去说与赛百味的合同条款要比给麦当劳的条件更优惠。其实根本没有这么一回事儿，可他硬是生出了是非。我们得到的可靠消息称麦当劳正在和百事可乐接触，希望对方可以出售一部分非可乐饮料的配方给他们。只要有一家麦当劳店调制出了百事可乐的产品，就很有可能断送我这次重新出山的前程。这对可口可乐来说将是一场前所未有的灾难。

我联系了麦当劳的首席执行官查理·贝尔，我非常真诚地向他保证："相信我，这件事情一定能解决好。"贝尔非常清楚我的意思：史蒂文·海尔很快就会出局了。于是，我们彻查账目，确保没有多收麦当劳的钱，还在一些无足轻重的方面退还了一部分款项，其实这一部分也不是多收的。事后，我又进一步夯实了和麦当劳之间的合作关系。我任命杰瑞·威尔逊负责管理客户关系，他在工作中的表现非常出色，后来接任他职位的是罗伯托的儿子扎维尔·戈伊苏埃塔。扎维尔担任这个职务其实有些吃亏，因为公司里的人总把他当前董事长的儿子看，从而忽视了他的才华。扎维尔离任的时候成绩斐然，让我们和麦当劳的关系变得更加紧密。和客户的良好协作关系是靠每时每刻的维护得来的，那天我亲自去见麦当劳的首席执行官就是想要传递这样的信息。如果你认为他当你的客户是理所当然之事，那么你很快就要出局了。

离开芝加哥，我飞到了西海岸去见彼得·尤伯罗思。他是可口可乐的董事，也是审计委员会的负责人。我希望他能给我提供一些行之有效的建议。尤伯罗思曾成功地组织过洛杉矶奥运会，现在还掌管着一家信誉良好的反向投资集团，曾帮助过很多公司成功发展。我和尤伯罗思私交并非特别好，彼此之间不算熟络，只是这么多年常在可口可乐的董事会会议上见到他，他这人总爱提一些既刁钻又深刻的问题。后来，在我任职期间遇到过很多棘手的问题，他一直是我最信赖的人，我随时都能从他那里觅得帮助，他总能帮我分析形势，给我一些真知灼见和忠告。尤伯罗思就像唐纳德·基奥一样，在我的职业生涯中扮演着导师的角色。

通常情况下，就职后的前100天是快速树立威信的关键时期，于是我开展了一系列行动，让大家明确和了解我的做事风格及管理策略。同时我还找内部的核心成员沟通，几个回合之后，我表明了自己的态度。在那段特殊时期，我不会对媒体或者分析师做出任何表态式的发言。我在巴巴多斯时，就曾静观可口可乐的发展形势，但刚刚上任期间，我并不想根据自己的主观想法多说什么。我要到全球各个市场走走，看看市场的运营情况，见见一线的雇员和客户，也接触一下和公司有特殊关系的关键人物。

我决定不急于委任总裁。坦率地讲，我认为公司里当时根本没有合适的人选，否则可口可乐前几年不会发展到如此地步。身边安排一名副手不见得一定是件好事，除非这个人具备驾驭企业的能力。达夫特任职期间设有一个副董事长和两个总裁，即便如此，公司还是一步一步地在走下坡路。董事会不得已才想尽各种办法寻找合适的人选，最终把我这个已经退了休的老头子找了回来。

有些人建议我立刻解雇海尔，我也觉得他不是当总裁的料儿。可这事不宜大张旗鼓，还是应该悄悄地把他打发走，这样对公司而言会更合适。此外，我准备在上任初期的几个月里到世界各地转转，了解一下公司的运营情况，在彻底搞清楚要怎么做之前，还需要有人在总部暂时维持一下现状。海尔也知道他在可口可乐的时间不多了，我上班第一周，他来到我的办公室给我看了一份合同，并告诉我达夫特已经批过这份合同了。合同里写了如果要解雇他，公司需要支付 2600 万美元的赔偿金。

这件事情真的出乎我预料，董事会也被弄得有点儿不知所措，事实上达夫特有权批准这样的合同。可细细想来，这么大一笔钱，怎么也应该跟董事会汇报一下，可他们却没人跟董事会打招呼，大家全都惊呆了。

我跟董事会成员彼得·尤伯罗思和时任薪酬委员会负责人的凯西·布莱克商量之后，决定与海尔较量一番。海尔觉得他手上握着铁定的合同，而我们也有同样坚定的抗争态度。最终，我们决定解决问题的方式很简单，那就是上法庭。

我第一次遇到海尔还是在我上次退休之后，那时候我是公司的国际事务顾问。海尔和欧洲客户的关系非常紧张，可口可乐请我帮海尔一把。我们两人在他的办公室进行了一次深谈，理清楚当下需要处理的事宜，最重要的是要和客户的最高层达成互信。我们还商定好了日期，一起到欧洲拜访客户，但他临时把行程取消了。后来我又找到他，商定了新的日程表，但这个新的日程又没能执行。为了这次欧洲之行我积极主动，但从未成行。最后我才发现，遇到海尔这种不断取消行程之事的不止我一个人。海尔以前在特纳广播公司任职，他的上级对我说他很自豪海尔曾经是他的下属，但反过来，他绝不会在海尔这样的人手下做事。

8 月 31 日，海尔离开了可口可乐。离开前他已经找好了下家，担任喜达屋酒店及度假村的首席执行官。要想真正了解一个人就要看他的行动，他上任之后立马跟百事可乐签了长达 5 年的合同，喜达屋内部的审查组一再劝说，认为应该和可口可乐续签合同才对，但是海尔却一意孤行。结果，他们的生意现在只能跟在可口可乐身后跑。通过这件事就能看出海尔的为人，人的品性从各个方面都能体现出来。他在喜达屋没待多久就走人了。

营销是可口可乐的灵魂

德瓦尔·帕特里克已经向达夫特递交了辞呈，我意识到必须马上着手为公司物色一位新的首席法律顾问。《波士顿环球报》曾报道因为达夫特食言，不同意针对可口可乐雇用哥伦比亚右翼敢死队对当地工会组织者进行恐怖活动的事情进行独立调查，于是帕特里克递交了辞呈。

我担任首席执行官之后，帕特里克改变了主意。他告诉我他愿意留下来，这让我很为难，因为此事已是覆水难收。其实，我是考虑到他和另外一名高管积怨很深，两人势如水火。而帕特里克明显还有别的抱负，他一直住在波士顿，每周都开车往亚特兰大跑。我们还算好聚好散，讲好他可以待到年底，这样我可以有时间招募到接替他的人。一个人若是拿定主意离开，然后又突然改主意，往往不会有什么好结果。此时人的心理已出现了裂痕，和同僚关系也就不似从前了。

离开可口可乐两年之后，帕特里克当选为马萨诸塞州的州长。

我们开始寻找合适的法律顾问。我们和埃里克·霍尔德进行了认真的接洽，但他没有接受我们的邀请，后来他当选为美国司法部的总检察长。最后，我们看中了澳大利亚籍的杰弗里·凯利，他是公司内部员工，工作能力出色。同时，达夫特还举荐了桑迪·阿兰，桑迪当时负责欧洲区的工作，还将接手北美的业务，这样他就得经常离开伦敦的办公室前往美国。我和公司董事会都觉得他不合适，于是我拒绝了。桑迪听说之后有些不高兴，因为如果任命他，他就可以领导半个公司了。我和桑迪渊源颇深，曾一起去过南非，可口可乐当初撤出南非之后，他曾担任私有化的国家饮品服务公司老板，还曾拒绝和我见面。后来，我作为集团公司的总裁将他调往中东，我曾当面说他是个“鲁莽之人，但总体来说还算懂事”。虽然他不爱听这样的评价，但实际上他就是这样的人。他爱闯祸，不过我觉得他在逆境中是位好领导，而且此人深谙公司事务，工作起来干劲儿十足。

我还任命了辛西娅·麦卡格担任公司人力资源主管。她曾是可口可乐希腊装瓶公司的人力资源主管，在公司里有些名气，也很受尊重。她的责任重大，好在她没辜负大家的期望，很快便适应了新的工作。

我一直认为，营销，是可口可乐的灵魂。我们拥有世界上最受欢迎的品牌，但在过去几年，几经波折，可口可乐失去了营销优势。我上任以后觉得可口可乐有些电视广告做得很差劲，其中有一个尤其差劲，画面是个篮球运动员用手臂夹着一瓶可口可乐，这个形象真是糟糕极了。在我正式上任的前一周，我参加了一款叫C2的产品的上市发布会，这是一款中等热量的可乐，设计得很蹩脚，构思很差劲，制作更低劣。新产品的营销工作居然掌握在一群对产品毫无感觉的人手中。我上任后不到三周便任命查克·弗鲁特为首席营销官，撤掉了丹·帕伦博。查克最早在安海斯布希公司任过职，曾成功地解决了营销宣传中存在的问题，但遗憾的是出于健康原因他很早就退休了。

我还说服艾瑞尔·菲南加入了我们，他原来是我在可口可乐希腊装瓶公司的继任总裁。我让他掌管新组建的装瓶投资集团，确保公司在世界各地装瓶厂的利益，从上海到巴西，他负责的范围很广。这些装瓶厂有的归集团公司总裁管辖，有的归负责所在国家业务的可口可乐负责人管理。根据新的安排，这些人都将听命于艾瑞尔，而艾瑞尔将向我直接汇报。公司内部有一种观点，认为我们应该彻底放弃装瓶厂那点儿微薄的利润。之所以会有这样的声音，是因为大家普遍认为可口可乐没有能力管理这么多家低利润的装瓶公司。

鉴于我这一生断断续续地多次经营过装瓶厂，基于从业经验，我认为撤出会使装瓶厂商们更强烈地认为可口可乐公司既不懂他们的业务，也不拿他们当回事儿，事实上他们本身是希望由可口可乐领导的。但当我重提这一话题的时候，大家在权利如何分配的问题上发生了争议。

关于这个问题，我和原来的管理团队存在重大分歧。他们认为公司在管理上要有严格分工，和装瓶厂互不干涉，这样才能加强我们的领导作用。从短期来看，这是对的。我经营装瓶厂的时候就曾努力最大限度地维护自主权。但事实上，我们双方是血脉相连的互利方。客户和消费者就是这样看我们的，两家各自管理似乎能减少争议，但有争议对特许经营的体制结构是有好处的。随着日常运作能力的发展，装瓶商会产生更加长远并具有战略性的概念，即特许经营的授权者到底算是什么身份。尽管有这些分歧出现，但并不意味着我需要彻底改变和装瓶商的关系，应该改变的是可口可乐公司的操作模式。我们都清楚在这一层面的调整会在内部产生争论，然而这对整个系统的功能运转是必要的，同时也可以避免已经出现的苗头：输血功能的硬化。

同年夏天，我做出了任职期间最重大的决策之一，这一决策对公司未来的发展产生了深远的影响。我手下有一位稀有人才——穆泰康，他在东欧工作时曾是我的得力干将，后来又负责欧洲区可口可乐阿玛提尔公司的业务，这是总部设在澳大利亚的一家大型装瓶公司。他本来前途无量，但后来澳大利亚的上层认为阿玛提尔股票存在内幕交易，因此对他进行了调查。在1996年年底时，公司发布一项盈利警告之前，他的财务顾问曾卖空过10万股阿玛提尔的股票。我认为出现这样的问题也情有可原，因为穆泰康的财务顾问有权代表他进行股票交易，财务顾问只是觉得股市要跌才做了卖空，而穆泰康本人可能并不知道这件事。最后，穆泰康被罚了 3 万美元，还交出了从那次卖空中获得的 32.4 万美元，事情才算过去。而对穆泰康真正的惩罚远比金钱要大：他在阿玛提尔公司的高位丢了。原本，他很可能会被提拔到亚特兰大总部做高管。1998 年，穆泰康成了艾菲斯饮料集团的首席执行官，这是一家酿酒公司，也是可口可乐在土耳其的最大股东。

穆泰康和我一直保持着联系，他也是达夫特辞职后，在幕后四下奔走呼吁让我出任董事长和首席执行官的人之一。董事会把对我的任命定下来之后不久，约翰·亨特就飞到巴巴多斯向我通报公司的状况。我一向十分信任他。我当时就表示，公司内部看来没有一个适合做总裁的人，他也同意我的看法。我告诉他从国外挑选一位总裁是当务之急，但还没想到合适人选，在公司内部确实找不出一个有能力坐在这个位置上的人。“应该把穆泰康请回来。”约翰提议。实际上我也一直在考虑穆泰康，约翰的这一建议让我拿定了主意。很明显，我们很多人都认为穆泰康是可口可乐最有才华的高管之一。1989 年柏林墙被推倒之后，我俩肩并肩一起走过了那段严峻的日子。在那个巨大的试验场上，一点儿差错都出不得，可要想成功又必须得冒险。这段经历让我知道穆泰康具备当总裁的能力。

穆泰康在外事方面也颇具天资，这种能力对一个大型的跨国公司来说是无价的。穆泰康的父亲内杰代特·肯特在“二战”期间是土耳其驻法国的外交官，他拯救了土耳其的犹太人免遭纳粹大屠杀。内杰代特曾成功地让纳粹释放了 80 名犹太人，当时这些人正被牛车拉着送往德国的集中营。起初，纳粹不同意放人，于是他就爬上其中的一辆牛车死活不下来，直到纳粹无可奈何地把犹太人放了他才罢手。

穆泰康和政府最高层的官员们也很熟络。在那些高官眼里，他不仅是位受尊重的企业家，还是一些国家首脑的密友，比如他和阿尔巴尼亚总统萨里·贝里沙关系就很密切。穆泰康还有一项无人能及的宝贵阅历，那就是他既担任过公司特许经营的授权人，也担任过被授权人，两边的业务他都懂，对两边也都有感情。

我知道我一定会说服穆泰康回来的，只是时间问题。我给他打了电话，但他拒绝回来。“出了这么多事，我还能回去吗？”他说。几周以后，他又重新考虑了一下，告诉我他可以考虑回来做集团公司的总裁。我并没有着急动手，因为这个决定会在可口可乐内部掀起风浪，我要等时机成熟才行。

印度和中国

我上任之后的第一次出国差旅，目的地是印度和中国。这是一个信号，直接表明了公司未来的工作重点。一到印度，媒体记者早已守在酒店门口等待采访我。我事先说过在上任100天之后才会接受采访，因为那时候我才能全面熟悉公司的情况，我的言论才能客观公正。这次印度之行，一共有30多名记者一直堵在酒店的前厅，所以我只能穿过厨房后门乘员工电梯进出酒店，离开酒店的时候也只能乘坐装垃圾的卡车。印方的公共关系官员想对媒体说我已经离开了印度，但我坚决不同意，对媒体撒谎的后果不堪设想。

玛丽·明尼克负责亚洲的业务，她的办公坐标是香港，同时她也是印度集团公司的总裁。她从柯达公司挖来了帕特里克·西沃特，管理中国和印度的事务。公司雇用西沃特是觉得此人有潜力，将来可以担任集团公司的总裁。西沃特仪表堂堂，口才也不错，但对软饮行业的业务不大熟悉。他为人高高在上，不太参与下边的具体工作。这不是我的工作风格，所以，我对他的印象不算好。

与西沃特一起负责印度业务的还有桑杰伊·格普塔。可口可乐在印度的顾问委员会举行了一场鸡尾酒会，委员会的成员包括一些印度大公司的领导人。其间，至少有三位委员把我拉到一旁说桑杰伊能力欠佳。次日，桑杰伊在酒店的舞厅里向我汇报工作。他筹办了很多像小亭子一样的展厅，把他们在印度做的所有事情都展示给我看。只是向我一个人汇报情况，居然如此大费周章，这让我很震惊。我们每走进一个展厅，里面都有解说员，桑杰伊给我当翻译，然后他再向我汇报。我是个善于观察身体语言的人，看得出这些雇员对桑杰伊很惧怕。当晚，桑杰伊在他德里的家中为我举行了晚宴。他的房子占地 3 英亩，很漂亮。这场晚宴一共请来了 150 位客人，还找来了民族舞蹈演员，选的酒也是最好的。这笔开销可是不小，买单的当然是公司。后来我对玛丽和帕特里克表明了我的态度，我认为桑杰伊并不适合这个职位。他们对我的看法非常不赞同，他们都觉得桑杰伊能力强，应该是未来的集团公司总裁。由于手头事情很多，我就暂时把换掉桑杰伊的事情搁置了下来。使用权力也得有节制，虽说我对印度总体感觉并不好，有自己的观察，但也不能对高级管理人员下硬性指令。

我的下一站是上海。那里有一家可口可乐直属的装瓶公司，亏损严重。公司经理是可口可乐的资深员工，我们早在内罗毕的时候就相识。他在装瓶厂的生产方面颇有经验，只是对市场营销不太精通。我让他陪我到市场上走了走，看得出来，他根本控制不了他的企业，所以我觉得他也是应该离场的人。

接下来的两站是墨西哥城和里约热内卢，我与那里的装瓶商开会时气氛很紧张，两地的装瓶商都很不愉快。核心问题之一是他们认定我们投资不足，但拿走的利润却很大。他们对我们的营销策略和广告质量也不满意，认为我们没有信守协议。原浆涨价之后，作为交换条件，营销宣传应该由可口可乐公司负责，为装瓶商制作高质量的广告。这就相当于可口可乐在前边拉车，装瓶商们在后面推，双方蓄力才行。一旦车拉得不好，他们就要叫喊，要么说广告质量不行，要么说我们投资太少。我让驻扎亚特兰大的查克·弗鲁特对比销量和通胀因素，查了一下在营销策划和广告制作方面的投入。结果发现，多年来媒体宣传的价格飞涨，大大超过了通货膨胀的速度。查克认为我们的投入确实没能与此同步，这是我们和装瓶商之间发生摩擦的主要根源。这直接影响了他们的竞争力，需要进行调整。

7 月 19 日至 20 日，我主持召开了第一次董事会。我对董事们说："让我回来做董事长和首席执行官，掌管这家公司，我必须要对大家负责。我尊重大家的选择，履行我的职责。我要尽全力把经营策略和行动方案随时告知大家。不过，既然选我做董事长，就意味着也选择了我掌管董事会的工作。我的意思是，在董事会里我得有话语权。"我也明白我不一定每件事都在行，但这些确实是我的心里话。

统一销售系统

同年 8 月，我又去西班牙见了另一批装瓶商，他们的态度和情绪就完全不一样了，这让我稍稍缓了口气。以前国际部总裁艾夫斯特曾经想要进行一次装瓶商合并，但装瓶商们不干，纷纷给戈伊苏埃塔打电话告状，结果这项计划最终破产了，这个情况跟我当年在德国的遭遇很相似。西班牙很像德国，他们的装瓶业形成了良好而强大的系统，但进入20世纪90年代后便开始止步不前，原因是成本和造价过高，没有足够的资金投入市场。作为集团的董事长，我会见了西班牙的装瓶商，想重建我们之间的关系。他们中年纪轻一些的人态度强硬，甚至还带有敌意。会议一开始，他们就拿出了一张列有种种要求的单子，其中包括从德国的可口可乐装瓶公司向西班牙转运产品，这在欧盟的法律中是不允许的。我拒绝了，因为我不想违犯欧盟的法律。之后，我们开始谈合并的问题，我解释这样做完全是为了提高效率。我提出如果他们不想放弃单门独户的装瓶营销形式，那就应该成立一个“形式上的主体装瓶系统”，进行联手采购，采用统一的线上网络进行管理，这样也可以把成本降下来。此前他们已经和超市、连锁店以及其他大的客户建立了统一的销售系统，所以他们理解我的意思，知道这有益于提高效率，减少成本。

“如果你们同意这么做，成本就可以降下来，公司还由你们自己掌管，”我说，“这就是我能想到的最合理的解决方案。”我的态度也很强硬，在此之前我还没有遇到过比他们更不识相的装瓶厂家，如果他们认为这个方案还不行，就应该考虑出售手头的资产。

然后，年龄略长的装瓶商开始表态，有人同意也有人反对，但终归是把年轻人压住了。大家认真地争论了几周，也有可能是几个月，一起为当地的装瓶业管理献计献策。

在我担任董事长兼首席执行官之后，西班牙成了可口可乐在欧洲的财富。西班牙的经济增长明显促进了可口可乐装瓶业的发展，另外一个因素是这里有一位富有创新思想的市场营销人牵头，这个人就是马科斯·德金托。在我的一生中，和我关系最紧密、友情最深的人中，有几个就是西班牙的装瓶商。这些人是活生生的例子，展示了特许经营体系下企业如何良好运转，以及应该怎样运转。他们后来曾连续数年保持可口可乐经营业绩的前三名，2007 年获得了伍德拉夫奖的最佳区域经营奖，我为此兴奋不已。

2004 年雅典夏季奥运会期间，我有机会接触到可口可乐土耳其装瓶厂的董事长迈克尔·奥尼尔，这个厂是穆泰康麾下艾菲斯饮料集团的合资企业。“我正要登门拜访，”我对奥尼尔说，“我希望穆泰康能回可口可乐来。”他一听就蒙了：“你这是要挖我的心哪！”他很不情愿。我真正挖人其实还要再等几个月，但现在就要做铺垫。很庆幸，奥尼尔在土耳其那边管理有方，现在装瓶厂的总体形势依然非常不错。

2004 年 8 月，克劳斯·哈勒在亚特兰大病逝。他曾任国际部总裁，精通业务，在外交方面也很有才华。在这些方面我也一直在潜心学习。克劳斯的才能和穆泰康不相上下，令我非常佩服。克劳斯和上层社会关系很密切，而且他非常注意细节。战争时期，他们家在民主德国的一座狩猎屋被毁了，“二战”之后他们迁到了亚特兰大，又照原样建了一座。他保留着那个屋子的原始图纸，所以才能重建。他请了古典风格的工匠，亲自监工。他在生前就设计好了自己的葬礼，明确安排了由谁讲话，由谁念赞美诗等，这就是他的风格。很荣幸，我作为他钦定的致悼词者出席了他的葬礼，在葬礼上大家都很悲痛，我强忍着泪水，一句一句念着悼词。他是可口可乐的巨人，是伟大的领导人，他那具有传奇色彩的一生绝对值得写本书。“二战”结束的时候，苏联红军攻进德国，他跳进易北河游泳逃了出来。之后，他开始在可口可乐工作，从卡车司机一直晋升到国际部总裁。

2004年的秋天，公司的产品开发形势喜人，这真是久违的好消息。我们推出了一款全新的健怡可乐，还为它取了一个响当当的名字：零度可乐。经过市场预测，这个新品牌在消费者中反响良好。从前景看它要比健怡可乐的走势更强，因为健怡可乐只是低热量而不是零热量。那么问题来了：名字是宣扬出去了，接下来怎么办？

零度可乐进行第一次市场调查的时候，我们还同时推出了无热量代糖，这是一种刚刚获准被用于软饮料的人工增甜剂。可是，研究结果表明只有那些用惯了无热量代糖的消费者才喜欢这种增甜剂，所以我们的新产品零度可乐也有可能遭遇失败。我觉得无热量代糖在口中留下的余味太浓，新产品零度可乐既然声名鹊起，那就不要在里面使用这种东西。在9月的一次会议上，我指示调味专家们，零度可乐还按照可口可乐的原始配方的做法，不要加无热量代糖；至于增甜问题，可以使用不同国家当地最好的增甜剂。

一位资深调味师立刻表示反对。“这可使不得，”他说，“戈伊苏埃塔先生，还有伍德拉夫先生都曾叮嘱过可口可乐的配方就是传统经典可口可乐，不得添加任何其他的东西。”

我的回答很直接：“那你什么时候才能接受新事物呢？”会场一下子变得鸦雀无声，掉根针都听得到。

零度可乐的设计尽量接近经典可乐的味道，成了继健怡可乐之后最成功的产品。它吸引了大批用户和消费者，这些人中有的因为不喜欢健怡可乐的味道而放弃了这一品类，有的则是喝腻了经典可乐。现在，他们全回来了，这些人每天都会喝一瓶经典可乐和两瓶零度可乐。

2009年，零度可乐成为可口可乐的第13个品牌，全年的零售额超过了10亿美元。健怡可乐也不逊色，市场仍然火爆，丝毫没有被淘汰的迹象。

我想跟大家分享一位身居高职的消费者第一次品尝零度可乐的故事。我发起过一场为肯尼迪中心募捐的活动，并在白宫参加颁奖典礼。典礼结束后，还有一场鸡尾酒会。我们被带进了宴会厅，先在圣诞树前与乔治·布什总统和第一夫人劳拉·布什合影。

“总统先生，忙了半天一定渴了，”我说，“喝点儿健怡可乐吧。”

“看来你知道我爱喝健怡可乐。”他说。

“那您觉得零度可乐怎样？”我问。

很显然，总统没听说过这个新牌子，但我们做了安排，把零度可乐送到了白宫。后来我收到布什总统专门手书的感谢信，表示他已经尝试了零度可乐，但还不能确定与他喝惯了的健怡可乐相比哪个更好。我把这封信用镜框镶好，挂在了我在巴巴多斯的家里。

在我的任期内，可口可乐还推出了第 14 个品牌——美汁源，销量也在 10 亿美元以上，但这次我的精力投入远远小得多。负责这个产品的调味师是位华人，他让我尝了一下那款产品。“天哪！”我脱口而出，心里明白这可是个大彩蛋。最终，美汁源成了可口可乐开发、投入市场后销量超 10 亿美元的第一品牌。2011 年 4 月，可口可乐公司又推出了第 15 个品牌，销量也达到了 10 亿美元，那就是德尔威力。这个牌子是可口可乐在 2007 年从拉美的合作商可口可乐凡萨公司买下的。接下来，我们又推出了越南矿泉水。在我的任期内，可口可乐推出或收购了零度可乐、美汁源、德尔威力、越南矿泉水，为我们的账本底线提供了有力的支持。这都是公司求之若渴的东西，取得这样的成果需要时间。

巴菲特的坚定支持

而在这时，账本底线成了大问题。2004 年 9 月 15 日，我们被迫发表了声明，告知众人，当年的利润会低于分析师们的预期。这份声明导致公司股票价格下跌，甚至在一段时间内低于每股 40 美元。“这个问题很棘手，需要几年的时间才能解决，想在短期内盈利是不可能的。”声明如是写道。我的策略向来是“先慢后快”，不可急于一时。这让华尔街很不高兴，但公司已深陷泥潭，要想把它拖出来，这是唯一的出路。

又过了两个月，我宣布每年将额外增加 4 亿美元用于广告投入，希望大家在我们进行调整期间保持耐心。董事会坚定地支持我，其中沃伦 · 巴菲特起了重要的作用。他立场鲜明：“我买这家公司的股票，是因为我信任可口可乐这个品牌。只要对公司有利，怎么做都可以。”但华尔街并不懂其中的道理，他们看不出眼下付出 4 亿美元，将来会有多大的收益。很多分析师也认为这表明了我们的无能，可口可乐不可能重振雄风。股市的行情依然在每股 40 美元左右徘徊，还一度跌到了每股 38.5 美元。虽说我们有长远打算，却不能让股市牵着鼻子走，也不得不密切关注股市的变化。有担忧是肯定的，股价一旦跌得过低，可口可乐公司就会成为别人收购的目标。

在纽约的一次聚会上，我遇到了戴维 · 鲁本斯坦。此人是世界上最大的证券公司之一凯雷投资集团的创始人，他说想做一次 500 亿美元的融资收购，具体做法是投资者们共同借高额债务收购一家公司。“你们公司的最高市值是多少？”鲁本斯坦问我。当时可口可乐的资产大约是 960 亿美元。“哦，那我还没这么大的胃口。”除了存在被人融资收购的威胁，雀巢公司也对可口可乐觊觎已久，只要价格合理，它就有可能接管我们。所以，我们必须尽快创造利润，抬高身价，让我们的股票价格涨上去，否则公司就有可能走上末路。

公司发展路线图

分析师和媒体也都来者不善。当百事可乐的股票价格超过可口可乐的股价时（但他们公司的市值还是低于我们），《华尔街时报》刊出了一则漫画，画的是一只百事可乐的易拉罐砸在了我的头上。现在可口可乐要求我把公司带上健康发展的可持续性道路，对此，我非常认同，这也是我想要做好的事情。公司内部有人呼吁降低成本，而我则主张减少浪费，让大家节约每一分钱。成本主要是员工的薪水，目前大家士气低落，所以我不愿意拿工资开刀。在这段时间里，我每天都顶着巨大的压力。但我的信心坚定，盯住长远目标，绝不半途而废。董事会也非常支持我，这对我而言至关重要。

我们躲避着华尔街不信任的目光，开始悄悄地重新规划可口可乐公司的发展。2004 年 8 月的一天晚上，我们冒着大雨开始行动了。我召集所有的直属下级到一家酒店开会，伦敦的街道被水淹了，因此很多人迟到了。我们要为公司的发展制订一系列的计划，不仅要实施新的策略，还要确定新的经营宗旨，要明确界定发展道路。我们要强调可口可乐原有的文化氛围，发扬传统，面向未来，这是发展的根基。这一系列计划将是公司重振雄风的蓝图，是公司今后可持续发展的保障。它不应该是硬性命令，而应该是领导层发自内心的想法。现在，裁员、打官司、对首席执行官位置的你争我夺，还有利润的下滑，已经把他们打击得垂头丧气，信心全无。我在世界各地查看情况的时候，注意到人们心头压抑的愤懑和怒火。大家需要聚在一起，把问题全摆到桌面上，然后决定如何解决。在可口可乐希腊装瓶公司，我们就有过类似的做法，我觉得非常奏效。这次我们要在更大范围内采用同样的策略。我与可口可乐希腊装瓶公司的元老辛西娅·麦卡格和艾瑞尔·菲南事先商量好，让他们与我打配合战。这个计划叫《发展宣言》，时至今日我一直认为这个宣言是我任职期间取得的最重大的成就。

我们还进行了一次内部调查，了解到有很多雇员对公司的领导层失去了信任。他们不相信我们还能拿出有效的策略，也不相信公司还能向前发展。甚至很多高管对我们最强大的资源——可口可乐品牌，也失去了信心，这一点很明显。当我和首席财务官加里·法亚德给他们下达一些较低的发展目标时，他们依然会觉得KPI（关键绩效指标）太高。没想到事情居然会发展到这个地步，我当时非常生气，目标已经降低了这么多，如果还完成不了，“那我们就一起卷铺盖回家好了”。

为了启动这个项目，我们召集了150名总裁级别的员工，开了三天的会。他们一走进会场就看到墙上挂着纸板，上面的文字都是我们内部调查时员工们的原话，一字不差。这些话表明可口可乐人对公司的怨气比同行都高。“我们不相信那些当领导的。”有一条这样写道。“我们的市场营销太差劲了，”另一条写着，“我们根本就没有发展策略。”

我走上台对大家说，今天分成10人左右一组，讨论一下这次的调查结果是对还是错。实际上，这是先让大家发发牢骚。第二天，我开门见山，说能改变公司现状的智者都在这个房间里，我们要一起献计献策，在4个月内重新规划我们的公司。在第一次会议上，一位总裁建议，解决公司财务困难的办法是并购一家大公司，百事可乐多年前就采取了这种方式，当时他们收购了菲多利快餐公司。

“我们连自己的公司都经营不好，还要再买一家？”我故意把话说得很重，然后接着发问：“或者说我们得买一家公司来替我们管理现在的公司，因为我们这些人没本事？”会场一片寂静。这个时候我必须要放些狠话，这也是我宣布真正想法之前唯一的机会。

随着会议议程渐渐深入，这些领导层骨干才开始真正认识到他们有能力创造公司的未来。大家的积极性渐渐高涨起来，这就催化了《发展宣言》的出炉。

这个宣言其实是公司发展的路线图。比如，它阐明了我们不再打公司之外的主意，不再收购电影院和快餐店。它对公司的内涵进行了重新定义，指出公司不是一台冷血的、只顾盈利的机器，它要建立在可口可乐的品牌力量之上，建立在我们的信念之上，这个信念就是我们能重新成为一家标志性的超级公司。

这项宣言有 5 条基本原则：

- 以人为本：在伟大的企业工作，人会受到鼓舞，激发出最大的能量。
- 吸引投资：建立高质量的饮料品牌，吸引投资。品牌要能预测并满足人们的渴望和需求。
- 伙伴关系：与厂家、客户建立起牢固而密切的关系，持续创造互惠价值。
- 环保为先：做有责任感的企业公民，支持可持续的社区建设。
- 利润为重：在充分考虑总体责任的同时，最大限度地保证股民的长期收益。

这个宣言言简意赅，对公司的定位和发展方向做了精准的评估。

“可口可乐公司有其独到之处，”这是宣言的开篇语，“员工们要有自豪感，这种自豪感来自创造大众喜爱的品牌，来自将自身最大限度地融入集体，并保持每个人的个性化发展。当今世界缺少的正是这种魔力。”

宣言还谈到了我们目前面临的“严峻现实”。“最近几年里，我们曾迷失方向，也失去了对共同目标的理解。”宣言里写道，“我们只是各自为战，本能地应对挑战，团队失去了团结的力量，发展的长远规划被短浅的目光搁浅。”

同时，这份宣言也列举了我们的一些“闪光点”，比如坚定的信念，认为可口可乐能再次成为一个伟大的公司。“伟大的公司靠我们创造。我们要争分夺秒，重塑辉煌。”

显然，华尔街对这份宣言不屑一顾，因为他们更看重下一季度的营收。然而，这份宣言已经让公司的船头掉转了方向，渐渐驶入正轨，这一点只有在可口可乐内部才能明确地感受到。宣言是向全世界发布的，起草人是可口可乐的150位总裁，而执行靠的是全体员工。公司上下群情激昂，原本听这种事耳朵都起茧的美国人也不例外。董事会成员卡西亚·布莱克在出版业工作过，曾是赫斯特商业媒体公司的首席执行官。她对宣言感受颇深，尤其喜欢这种简洁的语言风格。“你们真有勇气，”她说，“我很喜欢，同时也欣赏这个宣言。”

这份宣言对可口可乐做了界定，明确了我们的身份、未来以及战略思想。它很快便渗透到公司的每个角落。员工的士气大振，他们才是公司盈利的中流砥柱，华尔街追求的只有利润，他们只是金钱的拥趸，根本不懂其他的，更别说情怀了。说得再远一点儿，这很像是在菲律宾那段惊心动魄的日子取得过的效果，那时候，到了周末我们就把员工召集起来开动员大会。千万要记住的一件事情是：没有员工的支持，公司永远不可能成功。要让大家知道老板时刻都把他们的利益记在心里，而且有能力给他们带来更多利益和更好的生活。如今，可口可乐正是做到了这一点。在这个话题上我似乎用的笔墨过少，但这个宣言的确是可口可乐打响翻身仗的起点。员工再次愿意与我们携手，为共同的目标奋斗，这是我们最需要的。宣言成了他们的信仰，营销工作再也不需要上面来摊派。

新的政策打破了消极沉闷的气氛，也推动我成为公司里真正有话语权的领导者。员工开始信任我，或许他们信任的不是我个人，而是公司长远发展的战略。我曾经明确表示自己在这个职位上最多工作5年，可发布宣言之日，我已经上任差不多一年了。我必须制定好可执行的具体战略，等我再次退休回到巴巴多斯之后，这项战略要长期引导公司的走向，所以它必须是持久战略，得让我的继任者认可并发扬光大才行。有人常问我想给公司留下什么，我的回答只有一个：除非我的接班人能够成功，否则我什么也留不下。

公司的副总裁兼对外联络部部长汤姆·马蒂亚认为，可口可乐的发展一直依赖于过往的资本积累。随着宣言的出台，我们开始把目光投向未来。

这项宣言产生的很多影响都是实实在在的，其中包括加大对环保的支持力度。我们把环保课题聚焦在了水的问题上，因为水，可口可乐没少挨骂，尤其是在印度。由于干旱以及农业的过度用水，那里的水位近年来大幅降低，我们成了替罪羊。迫于无奈，我们只好关闭了印度的一个装瓶厂，但水位依旧以同样的速度下降。可一旦水资源出现短缺，可口可乐就会变成众矢之的。可口可乐在国际上的名声太响亮，水资源问题大大损害了公司的形象，至少在我们涉足的区域里情况如此。虽然造成水资源短缺的真正原因不是我们，但保证水资源的供应，无论对可口可乐还是对客户都是摆在面前最重要的，也是最严峻的课题。2005 年，我们与美国国际开发署、装瓶商联手，采取措施降低水的使用量，号召保护水源，还为村民建了水质处理站。

“没有哪家公司能像可口可乐一样，付出巨大的努力为穷人提供干净的水资源（当然也包括并不富裕的部分人）。”《财富》杂志曾这样评论。我们的努力仍在继续，并且力度越来越大。

汤姆·马蒂亚回忆道，《发展宣言》甚至影响到了可口可乐在巴基斯坦装瓶厂的选址。最先敲定的厂址在卡拉奇附近，那是个水资源短缺的地方。根据宣言中“环保”的宗旨，我们把厂址改在了离卡拉奇较远的地方，因为那里水源充足。

这个决策既兼顾了企业的利益，也考虑到了环保的因素，两者相辅相成。只有我们所在的区域繁荣发展，经济良好，可口可乐才能生意长虹。大家都看得出，水资源短缺的地方是不可能经济繁荣的。我们的宣言阐明所有因素都一脉相承，公司日常的决策都要将这些因素考虑其中。“这完全是出于商业考虑而做出的决策，”在提及巴基斯坦装瓶厂的换址问题时汤姆说，“但这个决策又是从不同角度进行了深度考量得出的。可口可乐的宣言能让我们从全新的角度看世界。”

渠道充塞的教训

我们起草宣言的时候，公司正处于阴霾密布的时期。最麻烦的事情之一，是美国证券交易委员会于 1997—1999 年在日本就“渠道充塞”事件展开调查。公正地讲，这次纠纷是罗伯托去世后可口可乐公司在市场受挫从而萎靡不振造成的直接结果。当时可口可乐公司为了挽救颓势，进行了大规模裁员，结果造成了公司内的恐慌与争议。出现这种局面后，所有的事情就毫无章法可言了。

有位员工给时任总裁史蒂文·海尔和首席法律顾问德瓦尔·帕特里克写了一封信，详细阐述了公司的错误决策，其中就包括渠道充塞（也叫“推加仓”），即人为加大给装瓶商的原浆销量，增加公司在某个季度的利润。结果，这位直言进谏的员工上了黑名单，在裁员大潮中被解雇了。

海尔直接无视了这位员工的来信。德瓦尔可能读过这封信，但他并没有出面调停阻止解雇这位员工。解雇谏言的员工是非常愚蠢的做法，这是对持有不同意见的人进行打击报复。当时公司的首席财务官加里·法亚德试图阻止这件事，但为时已晚。他给人事部门打电话，得到的答复是：“今天上午已经让他办完离职手续了。”

之后果然就出事儿了，这则丑闻直接被公之于众，但这其实没什么意外的。那位被解雇的员工一纸诉状把可口可乐告上了法庭，他这一告惊动了联邦调查局。结果，联邦调查局发现可口可乐还出钱雇用青少年出售冰镇可乐，用这种手段操纵汉堡王连锁店的市场调查。可口可乐只好向汉堡王公开道歉，还赔偿给对方2100万美元。

祸不单行，可口可乐公司还得应付美国证券交易委员会对渠道充塞案的漫长调查，加里是接受调查的重点。在这件事情上，加里和公司的首席法律顾问德瓦尔·帕特里克还发生了冲突。

我任首席执行官后拒绝撤销德瓦尔的辞呈，不久他就离开了公司，这样做主要是因为德瓦尔还和另一位高管发生了严重的摩擦

（不是加里，另有其人）。2004 年 12 月，证券交易委员会的调查到了关键阶段，这时我回公司已经 6 个月了。

随着调查的不断深入，加里的律师告诉他，证券交易委员会有可能对他提起民事诉讼，而且这种可能性越来越大，不过律师说有 99% 的把握能帮加里打赢这场官司。然而诉讼程序将持续 5 年之久，加里的前程会在此期间毁于一旦。加里和他的妻子南希商量该如何是好，南希坚持要维护名声，只要证券交易委员会提起诉讼，他们就把官司打到底。

于是，加里主动向我请辞。“律师认为我被起诉的可能性极大，这样一来，我也无暇去管公司的财务了。”他对我说，“我必须离开，这是唯一的解决方案。”

我拒绝接受他的辞呈。“加里，你是清白的，公司陪你打这场官司。”我坚定地表态。

圣诞节的时候，加里接到董事会成员赫伯特·艾伦的电话。“我打电话的目的，一是祝你圣诞快乐，二是要告诉你董事会支持你。”赫伯特说。那时唐纳德·基奥已经退休，成了董事会的成员。他也致电加里表示了同样的态度。这件事情充分反映了董事会的高水准：他们都是通情达理讲原则的人。

最终，证券交易委员会的调查于 2005 年 4 月结束，公司所有的财务账目准确无误。不过，证券交易委员会发现可口可乐公司没有透露渠道充塞对未来利润的影响，而且在一份公开文件中做了虚假、误导性的陈述。但这事最终也解决了，可口可乐既没有承认也没有否认证券交易委员会的调查结果，公司也没有交罚金，可口可乐认真承诺今后进一步完善内部的信息公开程序。加里没有受到制裁，至今依然担任着可口可乐财务总监一职。

这时候，可口可乐的头上还悬着一片乌云，也漂浮着其他一些阴霾：1999年，部分美国黑人雇员又把公司告上了法庭，诉称他们在薪酬和晋升方面遭到了歧视。一年之后，公司了结了这桩案子，结论是允许一个公司外的特别小组监察我们的人事政策。这个小组的负责人是美国的前劳工部长埃里克森·赫尔曼。按照此前的规定，他领导的监察小组要到2005年才能从可口可乐撤出。后来，我拜访了美国的地区法院法官理查德·斯托里寻求帮助，请他出面让这个小组在公司里再多待一年。我对法官承诺，可口可乐会规规矩矩按商定的解决方案行事，但在文化多元化方面，我们还是缺乏足够的监管。法官很惊讶，他还从没听说过任何人要求延长法院的监管时间，这是破天荒第一次。很多人觉得我这样做是脑袋坏掉了，但我的理解是多元文化不仅是正确的道德走向，还要对企业有利，这种文化的养成能让可口可乐变得更加强大。

“我们的公司以及公司的领导层，必须像可口可乐这个品牌一样具有包容性……我们要让多元的人才、多元的思想、多元的创新充分发挥潜力。”我当时这样写道。

我们积极配合，一年之内就愉快地结了案。斯托里对我们的做法大加赞赏，并请我们到亚特兰大他最中意的烧烤店共进晚餐，一起吃饭的还有本案的原告和他们的律师，也有监管组的人。这次事件给我们带来一个额外的收获——埃里克森·赫尔曼在卸任监管组负责人一职之后，于2007年也加入了可口可乐董事会，至今仍是董事会成员。

2004年下半年，我们了结了与欧盟委员会的反垄断案纠纷。可口可乐在当时获得了来之不易的强大市场地位，欧盟委员会担心我们会扼杀竞争。例如，在比利时，可口可乐占据的市场份额是68%，百事可乐只有 5%；在法国，可口可乐 60%，百事可乐 6%。最终的结果是，为了鼓励竞争，我们接受了一系列改革项目。比如，我们允许零售商在可口可乐装瓶商的冰柜里腾出 20% 的空间存放竞品。

“消费者在餐馆、酒吧和商店里应该有更多的选择，这样他们才能在价格和个人喜好方面进行比较和挑选。不能因为冰柜里没有其他的选择，让他们只能拿起一瓶可口可乐。”欧盟竞争委员会的委员马里奥·蒙蒂在一次声明中表示。

在纠纷得到彻底解决之前，我和马里奥进行了一次私人会晤。他要我们保证真正履行达成的协议。根据行程安排，这次会晤时间应该是 30 分钟，最终却进行了一小时。我们不仅商讨了协议上的内容，还探讨了市场运营的理念。马里奥和我都很真诚。会议圆满结束，没有罚款，也不用道歉，但对未来可口可乐的操作管理达成了协议。我们执行协议的态度极为严肃认真，后来我认为桑迪·阿兰有违协议的精神，便让他退休了。同时，我也向欧盟竞争委员会做了通报。

马里奥离开欧盟竞争委员会之后，我便向他伸出了橄榄枝，邀请他加入可口可乐的国际顾问委员会，我认为这是可口可乐在全球各地建立信誉的重要举措。任何人都不会想到一位盯着可口可乐不放的欧盟竞争委员会的委员，居然会加入可口可乐的大家庭，但他真的同意加入了。世界对可口可乐的印象开始好转。随着法律纠纷一个个得到解决，过去与我们敌对的人，也加入我们的行列。这表明公司越来越受到尊重，美誉度也越来越高，后戈伊苏埃塔时代四面楚歌的气氛正在消散。

2006 年 10 月，可口可乐又收到了好消息。在迈阿密，一位联邦法官结束了针对两家可口可乐装瓶商的官司。那场官司的起因是有传闻称可口可乐的装瓶商在哥伦比亚雇用右翼武装组织杀害工会领导人。2003 年时，可口可乐公司本身已经与这场官司摆脱了干系。这场诉讼从一开始就毫无根据，但对可口可乐的形象伤害巨大，好在一切都结束了。

随着这些法律纠纷一个一个得到解决，我也开始花时间照顾我的家庭。那时，我的女儿卡拉成了亚特兰大人权协会的志愿者负责人，她要我在圣诞节期间穿上圣诞老人的衣服，跟小狗合个影。让小狗乖乖地趴在膝盖上跟我合影可不是件容易的事情，但这却是件很享受的美事，可以让我从沉重的压力中获得一丝喘息，同时也是可口可乐当时所倡导的爱家理念的践行。可惜，只有一个人认出这个圣诞老人就是我。

同时，我也开始安排护士在办公室为我进行定期的健康检查，毕竟在高压之下，血压升高是稀松平常的事情。我没有告诉帕梅拉我血压偏高的事情，毕竟她一开始就反对我接手这份工作，我的健康状况是她最担心的事情。

随着法律纠纷的困扰逐渐消退，我开始把注意力更多地放在软饮料的销售上。在中国，我们败给了老对手百事可乐，因此我们实施了因地制宜的策略，逐渐加速，提高销量。争夺中国市场是一场硬仗，尽管美汁源在中国很受欢迎，给我们带来了大幅度的利润增长。

有一块市场很少给我添麻烦，那就是拉美地区。那里的负责人是帕乔 · 雷耶斯，他一直是我的挚友，在工作上非常出色。那边的许多装瓶商也很厉害，其中就包括可口可乐凡萨公司。在我退休之前，为了庆祝拉美市场连续 5 年大丰收，帕乔、帕梅拉和我一起到马丘比丘玩儿了一圈，那里是秘鲁境内 15 世纪印加文明的遗址。如果没有拉美市场的销量与利润的持续增长，可口可乐翻身的难度将大大增加。

2005 年 5 月，我如愿以偿地将穆泰康招募回了可口可乐。他负责北亚区、欧亚大陆区和中东区的事务，包括日本和中国市场。玛丽·明尼克被调任营销主管，接替了查克·弗鲁特。查克的工作非常出色，但身体却大不如前，健康状况堪忧，我刚退休他就去世了，这让我非常难过。玛丽是个出色的营销专家，但不适合做总经理。我觉得她在日本、印度和中国的时候锋芒不够。最初，她对管理营销业务的安排还颇有微词，觉得这是降了她的职。为了打破向市场推出新产品和注入新理念的障碍，我长期以来一直想尽各种办法。除了营销之外，我还让她参与技术和策略规划。她回到亚特兰大总部后，我给了她一个重要的职务，同时还允许她保留在伦敦的办公室，这是考虑到欧洲市场经常会出现一些富有创造性的理念，所以要留个办公室备用，当然，这也是为满足她的个人需求。这就是可口可乐公司的灵活性所在，我们需要留住一流的女性高管。我让帕特里克·西沃特掌管南亚和太平洋集团的事务，包括印度和菲律宾。后来证明这步棋走错了，帕特里克的工作能力确实不够。当时我没有遵循自己的感觉办事，也没听周围人的意见，而是根据一个专业的评估系统做出了决策，结果导致了错误。

在重新起用穆泰康之前，我委托一家第三方律师事务所就穆泰康在公司内部卷入的纷争起草了一份报告。这个文件证明穆泰康的财务顾问犯的错误情有可原。可口可乐董事会也认可这份报告，同意我起用穆泰康。我们的董事会成员有些是世界上最受尊重的企业家，比如沃伦·巴菲特和彼得·尤伯罗思这样大名鼎鼎的人物。这可不是由暴发户们拼凑成的那种董事会，这一点你们在后面的内容里会更加透彻地了解到。尽管有些媒体说三道四，董事会依然支持穆泰康。我必须承认，就连和我关系不错的管理人员，也对我的决定提出质疑，但我坚信穆泰康可以胜任，也值得信赖。

当时，我对穆泰康的规划是，先让他做国际部的总裁，然后根据他的业绩再考虑将来能否成为接替我职务的人选，这就要靠他自己的本事了。而穆泰康根本没想到他会成为将来的首席执行官。他常对人们说："将来内维尔一走，我也就要离开了。"他认为我俩就像双子星，从某种意义上讲，我俩还真是这样。玛丽·明尼克也是我看中的候选接班人之一，同时我们还考察了公司之外的几个人选。

可口可乐企业公司是可口可乐公司最大的装瓶厂商，在北美和欧洲都有特许经营权，如今他们却对我们形成了最棘手的挑战。

长期以来，可口可乐企业公司的运行一直不尽如人意，还对可口可乐公司一直怀有忌恨。这家公司组建于 1986 年，由可口可乐公司在北美的直属装瓶公司和两家私营公司合并而成。1991 年，总部设在查塔努加的可口可乐装瓶集团也并入其中，这个装瓶集团原是萨默菲尔德·约翰逊家族的产业，也算是最早的可口可乐装瓶商之一。后来，可口可乐企业公司又发展到了欧洲。

可口可乐企业公司上上下下很多人都觉得，可口可乐公司在这场合并谈判中占了便宜，在卖公司直属装瓶厂的交易中多收了他们的钱，让他们欠了很多股债。事实上，我们把工厂卖给他们的时候，真的是周瑜打黄盖，一方愿买一方愿卖，而且我们卖出的厂家持有永久经营权，可口可乐公司不会定期更新他们的执照，所以出售这些厂家的价格是合理合法的。总之，我觉得他们事后抱怨得很没道理。而他们一直憋着一口气，觉得自己的待遇不公平，这也就成了可口可乐公司和可口可乐企业公司之间关系长期紧张的根源。

过去这些装瓶商确实有些傲慢。我刚进可口可乐的时候，美国的装瓶商简直是黄金资源。他们是世界上新理念的源泉，世界各地的装瓶企业都来美国向他们取经。直到2004年我出任首席执行官的时候，带客人在美国市场转一下会觉得很尴尬，那时候可口可乐产品的制作工艺非常差，甚至有些私有品牌的可乐产品包装都比可口可乐企业公司的好很多。可负责装瓶业务的高管们还是觉得美国的产品是最好的。事实上，巴西、法国、西班牙、南非以及其他很多国家的装瓶厂家推出的产品才称得上是真正的黄金标准。

2005年2月，我私下会晤了可口可乐企业公司的董事长劳里·克兰，直言不讳地告诉他，我认为他们公司的首席执行官约翰·阿尔姆不够称职，我对他能为公司带来的价值存疑。之后，劳里带我见了不直接负责管理事务的董事会成员。会场的气氛很紧张，因为这些董事依然持有一种观点，认为他们从可口可乐手里买装瓶厂的价格过高，给他们带来了诸多麻烦，以致后来出现的大部分问题都应该归责于可口可乐公司。我大费周章地跟他们解释，告诉他们可口可乐公司用于市场营销项目的4亿美元中，有1.5亿投放到了北美，这时他们的情绪才稍微好了一些。继而我又提到了管理问题，我表示自己无权对他们公司管理团队的成员做出主观臆断，但作为特许经营权的卖方，我有权时刻关注他们的管理质量。我准备了充分的理由来证明阿尔姆的管理出现了问题，他不适合在这个岗位上任职。可董事们对此充耳不闻，而且会议的内容很快就传到了阿尔姆的耳朵里。可口可乐和他们之间的关系本来就紧张，所以这次会议的收效及影响都很差。像可口可乐企业公司这样的大型装瓶企业可能出现的问题之一，是他们只关注自己的经济利益，却意识不到整个可口可乐其实是一个完整的系统，不懂得彼此之间需要相互依存，尤其是那些和可口可乐企业公司一样的上市公司。2005年年底，阿尔姆下台了，新上任的首席执行官是约翰·布罗克。

但我们和可口可乐企业公司之间的矛盾依旧。布罗克为了提高他们的利润，在零售市场连续涨价，这样一来，不可避免地伤及了可口可乐的市场份额，原浆销量出现下滑。我们别无选择，只能也跟着上抬原浆的价格。这是一场针尖对麦芒的战争，令人非常痛心。

为了能从根源上解决北美市场出现的问题，2006年春，我给了可口可乐企业公司一份计划——“迪塞尔计划”。按照这个计划，美国境内的可口可乐企业公司和剩下的几个私营装瓶商合并，目的是降低成本、提高利润。我们估算过，如果高价收购那些私营的装瓶商，提高生产规模和效率，就能轻而易举地收回投资。但可口可乐企业公司的董事会并不信任可口可乐，断然拒绝了这个计划。消息透露出去之后，引发了私营装瓶商的极大不满，他们认为我们在偏袒可口可乐企业公司，对将来收购他们的具体价格也表示担忧。可口可乐美国公司的负责人唐·克瑙斯在这件事上花费了大量的时间和精力，四处奔走游说。后来他被科勒克斯提拔成他们公司的董事长兼首席执行官，上任之后，他依然不遗余力地继续推进此事。

我觉得时机已到，痛下决心彻底收购可口可乐企业公司。于是我就一个个地找可口可乐董事会成员谈，包括沃伦·巴菲特，同他们一起商量此事。按照一般逻辑分析，他们很难拒绝我的想法。收购可口可乐企业公司从整体的经济上看是划算的，但难就难在细节上。

这是全盘收购，当时可口可乐企业公司的股票价格是每股18.5美元，我们可以出价23美元购入。价格这东西是开放的，肯定会有变数。对冲基金和其他的投资商也有可能跟我们打价格战，把可口可乐企业公司的股价抬高到超出我们支付能力的水平。如果是正常收购，价格太高我们可以不要。可这次却是箭在弦上不得不买，原因有二：第一，如果我们出局，会彻底失去信誉，在可口可乐企业公司看来，我们也显得过于无能；第二，可口可乐企业公司有可能被别人买走，这个新买主将来有可能比现在的可口可乐企业公司更难缠。董事会意识到其中的风险，这事我只好作罢，我觉得自己在这件事情上败下阵来。关于收购，我的态度也缓和了，但到了 2010 年我再次退休时，可口可乐终于买断了可口可乐企业公司在北美的业务。这次是可口可乐企业公司主动找上门来的，不是我们要收购，而是形势所迫，他们不得不把自己卖掉了。这个局面不是我造成的，但我承认是我启动了这件事，所以导致了后来形势的变化。

个人偏见和企业经营

我还曾经尝试并购其他公司。下面讲的这个故事，反映出了个人的偏见和企业的经营策略有时候会混淆在一起。这件事的源头还要从我在巴巴多斯和可口可乐的高层管理团队在一起的时候说起。有一次，我们约了加里·普莱耶一起打高尔夫球。他是南非人，也是有史以来最优秀的高尔夫球运动员之一，长期以来一直是可口可乐的挚友。我们发现，普莱耶其实是位素食者，因为无论午餐还是晚餐，他从不吃肉，也不碰奶制品。他告诉我们吃素治好了他的关节炎。数月之后，帕梅拉决定开始吃素，说来也怪，我也和她一起吃起素来。这事儿还在可口可乐引起了一些混乱。我在世界各地走到哪儿都吃素食，结果发现吃素对我的健康大有好处，体重减了，胆固醇也降下来了。素食中有样东西很关键，那就是豆奶。于是，我开始四下寻找市场行情比较好的豆制品公司，也看好了几家。有一次我在加州的金石滩开会，无意间跟董事会提起收购豆奶公司的事情，他们对此持反对态度，一方面觉得收购价格太高，另一方面也担心这样做会分散我们经营核心产品的精力。穆泰康也反对这样的收购，我和穆泰康之间时而也会出现分歧，但双方都胸怀坦荡不会记仇，这次就是个例子。

我心里没底，觉得他们有可能会投票否决我，便没敢把这个想法在会上正式提出来。现在回想起来，董事会是对的。我看中的公司之中，有一家后来股市行情一路下跌，这就表明他们的收益在严重下滑。

可口可乐公司董事会给予我强大的支持，同时也对我进行有力和正确的监管。一位分析师曾问我，你上面的董事会非常强大，你该怎么办？我的回答是："那么你认为，我该有一个软弱无能的董事会才好吗？"对方竟无言以对。我同几乎所有的董事会成员的合作都很良性，包括巴菲特、尤伯罗思、佐治亚州的前美国参议员萨姆·纳恩、赫伯特·艾伦和吉姆·鲁滨逊等。但我跟鲍勃·纳德利的关系却相对紧张，他当时是美国家得宝公司的首席执行官。2005 年 3 月，薪酬委员会审查了 2006 年的奖金发放事宜。通常，委员会会批准排名前 50 的高管的奖金数额，其余管理人员的奖金由管理团队自己决定。鲍勃却要求我把全体管理人员的奖金分配表拿给他看，我照做了。这个表格上列着 1000 多人的奖金数额，都是计划中的，但数额是同个人具体的业绩挂钩的。开会的时候，鲍勃带着那份长长的表来了，他仔细翻阅着，还用黄笔做了标记。他问为什么有两名级别较低的人拿的钱和别人不一样。我回答说："虽然这些决定是由我最终敲定，但因为是根据规章做的，所以我不会记得每一个人是什么情况。”我们两人的管理风格大相径庭，结果就发生了冲突。说起来我俩在各自的首席执行官位置上效率都不低，而且在有些情况下，从短期看，鲍勃的管理方法还会优胜于我。他特别注重细节，也光明磊落，工作起来不遗余力。但我们在管理方式上观念不一，总是无法达成共识，鲍勃也意识到了这一点。2005 年，他离开了董事会。

还有一位董事名为J. 佩德罗 · 莱茵哈德，他是美国陶氏化学公司的前首席财务官，和陶氏公司的董事会产生过冲突。据说这是因为他私自谋划过一次融资并购，之前既没有得到董事会授权，也未曾告知首席执行官。尽管在可口可乐的董事会上，他从未直接针对我，但也从来不支持我的经营战略。他离开陶氏公司的时候，也离开了可口可乐的董事会。当时他从可口可乐经理的职位上被撤换下来，在可口可乐，一个经理调换工作到了新部门，董事会通常还会让他当经理，但这次我坚持劝阻董事会不再续聘佩德罗。

在努力推动销量复苏和利润提升的同时，我开始在可口可乐树立节俭的风气。出于业务需要，很多装瓶商长期以来一直保持着这种良好风气。但可口可乐公司却不然，从传统意义上讲，公司的利润一直很高，所以他们没有一分钱掰成两半花的习惯。我们的风格和劳斯莱斯有点儿像，花钱过于大手大脚。举个最典型的例子，南非区域由于经营出色获得了可口可乐的大奖伍德拉夫杯，之后，他们在约翰内斯堡举行了一次庆功会，还邀请了史努比演唱助兴，那一次花费就高达 300 万美元。我想扭转这种风气，首先就从自己的办公室开始。当时公司要出资 100 万美元装修我的办公室，被我拦住了。地毯的确是新买来的，但家具都是从其他办公室搬来的，没有买新的。还有，公司的飞机上一直备有高档葡萄酒，我也取消了这项服务。虽然说起来都是小事，但带来的影响却是深远的。

2005 年 3 月，德国装瓶商、我的老朋友克劳斯·毛雷尔斯来亚特兰大总部拜访我。我们进行了一次促膝长谈，详细讨论了统一德国装瓶业的计划。我在 20 世纪 80 年代就想做的事终于实现了，德国有了统一的装瓶体系。由此看来，改革有时候需要极大的耐心。

在我一生的事业中，合并装瓶厂是一件既重要又平常的事情。但在日本，这项工作的难度大极了。

日本是可口可乐最重要的市场之一，也是我们在全球盈利最高的市场之一，主要依赖罐装咖啡的销售。在日本，可口可乐拥有 100 万台自动售货机，这些机器是专门设计的，冬天卖热饮，夏天卖冷饮。

用两个手指头捏着烫烫的易拉罐，喝的时候还要注意别把嘴烫了，这可要技术。但日本人把这门技术掌握得炉火纯青。

日本商品的新品牌层出不穷，哪怕最响的牌子也只能火上一年。这里的市场竞争太厉害，在这里做生意得有和在别处完全不同的心态。

谈及装瓶公司合并的事情，最大的挑战来自东京的一家装瓶商。这家公司的东家是森喜朗高梨。经过多年谈判，这个家族才于 2007 年决定出售给可口可乐 34% 的股份。当时我还是首席执行官兼董事长，最后一轮谈判时我也到场了。天色已晚，这个家族提出次日再继续谈判。那天晚上，他们去了父亲的墓前“征求”老人家的意见。第二天早上，他们便签署了协议。

随着我们长远战略各个关键环节的逐步到位，我们看到销量、利润和股市实现了强有力的持续性反弹。股市行情的高位达到了 65

美元，这对持有可口可乐股票和优先认股权的员工来说，绝对是鼓舞士气的好消息。时至今日，他们都是有钱人了。2008 年开始的金融危机让我们再次受挫，但那也只是暂时的。

随着利润的不断回暖，装瓶商和北林荫道之间的摩擦也开始加剧。这就像两口子，婚姻关系不好的时候，为一点儿鸡毛蒜皮的小事也会吵架，就连对方在停车场的停车方式也能看不惯。如果夫妻恩爱，就会觉得对方的停车方式很有意思，会充满爱意地开个玩笑。

穆泰康回忆，可口可乐在 20 世纪 90 年代“迷了路”。利润下降、品牌的声誉受到影响，装瓶商为此和可口可乐公司打得不可开交。“我们变得狂妄自大，”穆泰康说，“我们忘记了那些可以让产业健康运转的细节。内维尔和我好不容易才让大家恢复了信心，让所有人相信可口可乐是伟大的，我们必然能重振雄风。一旦人们相信了这一点，我们又重构了发展模式，就不会有人站在一边说风凉话，也不会有人再从每况愈下的公司捞取个人的好处了。”

环保和伙伴关系

我们终于缓了一口气，也有时间和资金来顾及一些盈利以外的事情。依据《发展宣言》的指导原则，我们可以在“环保”和“伙伴关系”等方面有所作为了。

2006 年，我们响应美国心脏医学协会和前总统比尔·克林顿的倡议，和其他饮料公司一起，在美国的中小学里停止销售高热量饮料。

这件事情是由媒体的一篇社论引发的，我认为把患糖尿病和肥胖症的原因归咎到饮料行业着实有失公允。回想我在非洲的孩童时代，每天骑自行车上学，单程 5 英里，而且一直以来我都坚持参加体育运动，所以我觉得关于孩子的肥胖问题，电脑、游戏机、电视以及缺乏体育锻炼才是罪魁祸首。

话虽如此，饮料行业在学校里也确实有些过分，他们不仅把饮料贩售机器摆到了高中里，也送进了初中。孩子们进了学校，想买什么家长完全没有办法控制和管理。从这个角度讲，学校里的饮料售货机的确干扰了那些有责任心的家长，对于该如何控制孩子喝饮料，家长开始无从下手。

因此，可口可乐公司和同行们接受了克林顿的倡议，共同承担社会责任，一起解决这个问题。可口可乐美国公司当时的董事长唐·克瑙斯与我交情甚好，他拿来一份协议草案让我审核，看完这份文件之后我提出了异议，觉得不能这样做。这份草案呼吁撤掉所有的软饮料，包括佐餐饮料。佐餐饮料不含糖和热量，与糖尿病和肥胖症没关系。与此同时，校方同意允许运动饮料和果汁饮料继续在校园里销售，这两种饮料都是含糖的。他们允许留在校园里的还有快餐售货机。那么，我们还应该停止出售零热量的产品吗？

“问题是这里面有甜味剂。”唐指的是人工增甜剂。“这是关于热量的问题。”我反驳他说道，况且现在没有任何迹象表明增甜剂对健康有害。尽管其他的公司都通过了这个协议，但我不同意签字。唐只好表示此事以后再议。

几天之后，我为克林顿颁发富布赖特国际理解奖，这个奖项是可口可乐赞助的。克林顿抵达颁奖现场后，我们一起在休息室里等待，因为离上台颁奖还有一段时间。我注意到前总统手里拿着一瓶健怡可乐，喝这种可乐是他的习惯。

“总统先生，很高兴见到您还在喝健怡可乐。”我说。

“我只喝这个牌子的饮料。”他回答。

“但是很遗憾，学校里的孩子恐怕喝不到您的同款饮料了。”

克林顿并不知道饮料行业的协议里也禁止销售佐餐类饮料。他也认为这不合理。“这事儿交给我吧，我来解决。”他说。

24 小时以后，这类饮料被列入允许在中小学里销售的食品。作为首席执行官时常会遇到这种情况，逻辑思维告诉我，要坚持自己的立场，但还要靠运气帮忙。我和克林顿私下里的短暂接触，就让事情得到了解决。

那年年底，可口可乐同意捐出亚特兰大市区的一块土地，用来兴建一座新的民权博物馆。这片土地当时的价格是 1000 万美元，这次捐献的是可口可乐在亚特兰大一大片土地里仅剩的最后一部分。亚特兰大是已故的民权先驱马丁 · 路德 · 金的故乡，也是民权运动的中心。可口可乐公司在 20 世纪 80 年代鲁莽冒进，在这儿买了一大块地，准备建新的办公楼群。后来这片地大部分捐给了家得宝公司的创始人之一伯尼 · 马库斯，他在这里建了世界上最大、最先进的水族馆。后来水族馆扩建，增加了“可口可乐世界”博物馆。两个博物馆都办得非常成功，所以剩下的这块地成了各方追逐的对象，大家都想沾沾这块宝地的人气。

我是亚特兰大发展委员会的主席，和市长雪莉 · 富兰克林因为工作关系而走得比较近。雪莉是个称职的市长，她想重振这座城市。前任官员比尔 · 坎贝尔工作失误，后来因逃税坐了牢。雪莉找到我，表示这块地是建马丁 · 路德 · 金中心博物馆的最佳地点，而且其意义远远超过了博物馆本身。此中心一旦建成，将代表亚特兰大的城市形象，这是一座“因繁荣而忘记种族仇恨的城市”。

2007 年 6 月，我们在北京宣布为世界野生动物基金会捐赠 2000

万美元，帮助当地七大被列入世界上重点保护江河流域的区域。这项与世界野生动物基金会的合作项目一直延续到了今天，我也是世界野生动物基金会的董事会成员。

同时，我也有了享受这份工作和生活的机会。

我生命中有很多触碰情感的瞬间，其中有一次便是在我参加英格兰对阵爱尔兰橄榄球赛时，那场比赛在都柏林的克罗克公园举行。克罗克公园在历史上很有名，是那场臭名昭著的“血色星期天”的事发地点，这次事件发生于 1920 年 11 月 21 日，在爱尔兰脱英的斗争期间。那一天，英格兰警察在体育馆内开火，在那一场橄榄球赛中射杀了 12 名无辜的观众，以此来报复爱尔兰共和军在当日屠杀 14 名英格兰情报官员的行径。当晚，三个被关押在都柏林城堡的爱尔兰共和军囚犯受到了英格兰警员的折磨，最终被枪杀。

克罗克公园算是一处圣地。而更为复杂的是，橄榄球被视为一项传统的英式运动，尽管爱尔兰国际橄榄球赛是为了团结爱尔兰和北爱尔兰（英国的一部分）而进行的。即使如此，多年来，参与过爱尔兰式橄榄球运动的人都会被禁止参加此项比赛，如果在英格兰境内被发现，就会被捕。这就是爱尔兰这个地方的复杂性所在。

到了 2007 年，甚至有人反对在克罗克公园进行英格兰对爱尔兰的橄榄球赛。在第三次反对抗议的时候，爱尔兰橄榄球协会批准了，决定临时使用克罗克公园，在数英里之外新建橄榄球场。历史在这里留下了沉重的足迹。

2007 年 2 月 24 日，英格兰队对战爱尔兰队的比赛拉开了帷幕，当日的安保非常严格。没有人知道当英国的国歌响起时，观众们会出现什么样的反应。体育场里呈现出死一般的寂静。这 8 万名球迷之间有着强烈的分歧，而这一刻，却是他们真正和解的时刻，一个真正的历史时刻。我看了一下四周，几乎每一个人都在哭泣，成年男子在哭泣，前橄榄球运动员在哭泣。那一刻，我感到历史轰然被抛在了我的肩膀上。

6个星期之后，爱尔兰的总统玛丽·麦卡利斯出现在了亚特兰大，我跟她及其丈夫共进了早餐。我们讨论了那天在克罗克公园的那股强大的情感力量。

“您看到我了吗？我在离开运动场，走上台阶的时候停顿了一下。”她问我，“我之所以停顿了一下，不是因为在表演，而是我的双腿已经不听使唤了。我觉得我无法走上那层台阶，那一刻我感触良多。”橄榄球运动可以改变人们的固有成见，就像在南非纳尔逊·曼德拉也是借助橄榄球团结起了原本带有种族偏见的整个国家。

作为可口可乐的首席执行官，我还进行了几次重回南非的怀旧之旅。在飞行途中，我告诉行政助理约翰·布朗利（他是一位年轻的非洲裔美国律师），到了南非，会发现在那里的黑人和白人之间相处得要比美国的更好，更团结。约翰那时候还不相信我的话。

“不可能，老板。”约翰说，我们甚至还打了一个赌。之后，当我们登上飞机回到亚特兰大时，约翰承认了我的观点。第一次南非之旅结束后，他看到了在后种族隔离时代，种族间发生的真正变化，以及在社交互动中展示出的变化，他愿赌服输。但是，种族，依然在南非留下了阴影。

我跟帕梅拉参加了2007年奥斯卡颁奖典礼，那年海伦·米伦凭借在《女王》中的精彩表演，斩获了最佳女主角。在颁奖典礼之后的庆功宴上，一位摄影师误将帕梅拉当成了米伦，带她去参加电视台的采访。我发现这个错误之后，带着真正的海伦·米伦前往，我在几分钟前发现她跟帕梅拉穿的衣服非常像，也难怪会被认错。当我告诉米伦这个失误的时候，她大笑起来。“我能看一下你的奥斯卡奖杯吗？”我问道。米伦将奖杯递给了我，我礼貌性地亲吻了她。这便是我工作中有趣的部分，毕竟“只工作，不玩耍，聪明的杰克也变傻”。

2008年的北京奥运会，无论对可口可乐，还是对中国来说都是巨大的成功。三年以前，我登上了中国的长城，那一年可口可乐把奥运会的赞助权又延长了20年。可口可乐对奥运会的赞助可以追溯到1928年，从那时起就没有间断过。

但是，在北京奥运会的赞助问题上也出现了争议。当时，我面临一个问题，以女演员米娅·法罗为首的群体指责中国“对达尔富尔种族灭绝推波助澜”，还要求可口可乐退出奥运会赞助企业行列。法罗还在社会上发起募捐活动，但这笔钱一分都没有用来帮助达尔富尔。我为此通过媒体来质疑她，但是她从未出面回应。

对中国持批评态度的人没能认清一个问题：孤立中国实际上不利于他们自身的改革。在北京奥运会期间，我和帕梅拉每离开一个比赛场地时，都要和中国的观众握手并说一声谢谢。这时候我们的目光和他们的目光直接接触，他们脸上的微笑道出了千言万语。我们的司机是名志愿者，同时也是我们的导游，她是位大学教授，我们相处得非常融洽。我们在一起度过了一周的时间，她还把小女儿带来与我们相见，她说这是她一生中最美好的一周。我们离开时她执意送给我们一件礼物。这是我在奥运会上和中国人一对一的直接接触，米娅·法罗永远也感受不到。当那位司机的女儿见到我们后，她或许也会感受到西方人的不同理念。通过具体的个人和个人间的接触，能打破宣传机器的障碍。在我们看来，似乎感受不到变化，但这种变化是实实在在的，而且随着时间的推移，速度会加快。

作为董事长和首席执行官，我剩余的在位时间越来越短，因为我答应过帕梅拉，只做5年。我自己也想得很清楚，最后一年只任董事长，把首席执行官的位子交给接班人。2007年年初，我提名穆泰康出任公司总裁，他重回可口可乐以来一直表现得很出色。这下形势明确了，穆泰康将是我的接班人。当然，他还要通过我和董事会成员的一次次面试。玛丽·明尼克见此便辞了职，因为她一直就是个有风度和修养的人，所以她的离开非常平和，至今我们还保持着联系。

对一家大企业来说，领导人的新老交替安排至关重要，往往会是一次巨大的挑战。公司生活的悲剧之一是，你会发现几位前任满腹怨恨，有的是因为在位时没把事情干好；有的是因为在位时间过长，到了最后几年，他们会把很大的精力花在保住自己的职位上，而不是考虑应该由谁接班的问题。接班，就意味着威胁。还有一个问题就是，那些有能力成为称职公司领导人的高管，不会在一家公司无限期地甘居次位。如果老板总在位子上赖着不走，他们就会到别处实现自己的理想。当然，也有例外，比如唐纳德·基奥，有实权有能力，在很多人眼里他就是老大，但他甘居次位。可是，在很多情况下，在位多年的副总只不过是老板的助手，不适合做正职，最终到了接班的时候他根本也做不来，结果就出现了一个无能的继任者。可口可乐就有过这种惨痛的教训，让公司一下子倒退了好多年。

从上任的第一天我就立下了5年之约，我不会陷在对权力的欲望之中不能自拔。这就意味着我上任伊始就得物色接班人。很幸运，我有穆泰康。在团队中是他帮助我制订出公司的长远发展计划，保障了政策的可持续性。在我退休之后，他可以继续执行并完善原有的策略，将其发扬光大。

2009年春，我第二次退休，又开始按照自己的方式生活，在巴巴多斯、法国和亚特兰大轮流居住。卡拉和她的丈夫扎克·李也搬到了巴巴多斯。扎克是格鲁吉亚人，他们两人相识于南卡罗来纳大学。他们为我和帕梅拉生了个可爱的外孙，叫罗里。扎克在巴巴多斯的月光山高尔夫开发公司任国际部经理。

在穆泰康的领导下，可口可乐蒸蒸日上，利润越来越丰厚，股息分红也增加了。2011年，《财富》杂志列出了全球50家最佳公司，可口可乐排名第6，百事可乐排名第26。在美国，健怡可乐超过百事可乐成为第二大最受欢迎的软饮料，不用说，排第一的自然是可口可乐了。我把可口可乐公司的命运交到穆泰康手里后，人们常问我："你为可口可乐留下了什么？"我的回答很简单："除非我的继任者能够带着可口可乐向更好的方向发展，否则我没有任何值得骄傲的。"两年之后，我开始写这本书。此时，我可以满怀信心地说："我的任务完成了。"穆泰康和我共同努力把这次交接班处理得完美无比。毋庸置疑，在此之前任何一任交接都是非常困难的。

每次我见到董事会的人，他们都会为可口可乐权力的平稳过渡向我表示感谢。有了穆泰康，我没有成为一个满腹不甘的退场者。至于我做成了什么，没做成什么，我都不在意。若论遗憾也是有的，那就是没能买下可口可乐企业公司，但穆泰康把它拿下了。公司的员工将来会从这次交易中获取丰厚的利益。看到公司有这样有力的人掌舵，我很欣慰。

为可口可乐掌舵5年之后，我和帕梅拉的身份都变了。我们成了外界注目的焦点，生活已经不像从前那样。我第一次退休属于正常离开，很轻松，打打高尔夫球，到世界各地转转。这次不同，我已经和世界上的很多事情绑在了一起，因为我在多家董事会任职，包括世界野生动物基金会、通用汽车公司、非洲投资环境基金会以及巴巴多斯的DGM银行等。此外，我还经营着一家自己的投资公司。

2007年秋，时任通用汽车公司董事长兼首席执行官的里克·瓦戈纳和首席独立董事乔治·菲舍尔开始和我接触，希望我能加入通用汽车的董事会。里克来到亚特兰大拜访我，我派司机去机场接他，然后准备和他共进晚餐，我那辆车是福特。我清楚地意识到，可口可乐是福特的客户，因为罗伯托·戈伊苏埃塔过去曾在福特董事会长期任职。但是我应该安排一辆通用的车才对，免得让人家觉得我整天开着他们竞争对手的车东奔西跑。这本来就是件敏感的事情。直到2008年8月我才加入通用的董事会，因为在把可口可乐首席执行官的担子交给穆泰康之前，我无暇顾及这么多事情。

通用汽车的骄人历史随处可见，所以用不着我在本书中专辟章节来阐释。简单来说，从2008年我加入通用开始到今天，这段日子也浓缩了我职业生涯的一些大起大落。

我当时就看出里克在很多地方蒙受了不公平待遇。我认为他已经在“力所能及”的范围内取得了巨大的成就。但他没能改变通用汽车旧的官僚风气，毕竟这是一项重任。至少40年了，通用从上到下层层设置委员会和董事会，这就削弱了问责制，也导致决策进程缓慢。随着财务状况的崩溃，形势明朗化，事情几乎到了不可挽回的境地。尽管我们使尽浑身解数避免破产，最后也只能按当初立下的条款，求政府出面保住通用公司。

奥巴马总统要求里克辞职，我一开始觉得不妥，但也不得不承认一个现实：奥巴马是获得多数选票新上台的人，有权做出这样的决定。当时我还需要跨越一个理论上的鸿沟：这是一家归政府所有的私营企业，这是一次“黑天鹅事件”。我至今确信奥巴马那次决策，不仅对通用公司来说是最合适的，对整个美国经济来说也是正确的。异常的东西往往会压倒常规，因为常规是根据正常的参数形成的。

我加入通用公司是因为它和可口可乐一样，是一家标志性的企业，经历了那次破产风波之后我依然在其董事会里服务，我为此感到自豪。很显然，埃德·惠特克以及现在的丹·埃克森的正确领导，促成了通用汽车公司的重大改革。

公司的日常事务很简单：设计、制作、销售世界上一流的品牌汽车。不用考虑什么市场份额、世界领先地位和利润大小，只要做好上面说的事情就可以了。

最后还要说一句，就是在破产风波之前研发的、现在正在上市的新一代汽车，这款车型性能极好。当时里克·瓦戈纳聘请了鲍勃·卢茨，这给公司原有的工作系统带来了巨大的冲击。鲍勃是个“天生的汽车人，不是个站柜台的料”，瓦戈纳这么说。瓦戈纳还组建了一支伟大的、富有远见的设计团队，团队的统筹是埃德·韦尔伯恩。当然，通用汽车还有大量的工作要做，但埃克森有理由为这次上市的新一代车型骄傲。

我第二次退休后，在慈善事业方面也做了些事情。我、帕梅拉和投资人克里斯托弗·弗劳尔斯一起，在非洲创建了一个防止疟疾的基金会，还在赞比亚分发涂有杀虫剂的蚊帐。

我对这些事业和为可口可乐服务充满了激情，在其中也得到了家人的支持，同时她们也给了我最好的意见及建议。当我做完一次演讲，自我感觉良好，认为听众反映很好而沾沾自喜时，帕梅拉总会提出建设性的意见，指出存在的不足，这会让我发热的头脑冷静下来。我的家庭也是良知的栖息地，没有任何人比她们更能帮助我看清这一切。一次，卡拉在圣诞节的时候看到可口可乐以北极熊为画面做的广告，她很喜欢，便问："父亲，你们为北极熊做了什么？"坦率地说，真的没做什么。但这件事促使我启动了一个大项目，可口可乐和世界野生动物基金会联手发起行动（穆泰康对这次行动的热情也很高），那是一次富有创新精神的活动，旨在提高大家对北极熊的认识和保护意识。公司在利用濒危物种宣传自己的产品，那我就要问一下公司为这些陷于困境的动物做了什么，是卡拉让我有了这种意识。影视明星们都有自己的经纪人，我就不能成为动物们的经纪人吗？

在我从可口可乐公司领军人的职位上退休的前夕，我开始做演讲，宣传我的理念——基于我周游世界的经历，也汲取了历史上许多重要的东西，我将其称为"联动式资本主义"。

Inside Coca-Cola

第八章
长期主义策略

联动式资本主义

1964 年，马丁 · 路德 · 金获得诺贝尔和平奖之后，一个由亚特兰大宗教领导人以及白人和黑人市民组成的民间团体计划举办一场晚会，以庆祝美国南方人获得的第二个诺贝尔奖。在此之前，首个摘得诺奖的美国南方人是作家威廉 · 福克纳。晚会的日期定在 1965 年 1 月 27 日，地点是亚特兰大市中心的丁克勒广场酒店。

没过多久情况便出现了变化，1964 年 12 月 29 日的《亚特兰大日报》上刊登的头条新闻标题这么写道："马丁 · 路德 · 金的宴会遇到了麻烦"。媒体称亚特兰大工商界谴责马丁 · 路德 · 金，部分原因是他在奥斯陆参加完诺贝尔颁奖仪式回来后，恰逢一家生产圆珠笔的工厂在闹罢工，工人们要求涨工资以及结束在工作安排方面的种族歧视现象，而马丁 · 路德 · 金就在这个禁止工人通过的警戒线上站了一会儿。

12 月 16 日，由天主教大主教保罗 · 哈利南、雅各布 · 罗斯柴尔德、莫尔豪斯学院院长本杰明 · 梅斯和《亚特兰大宪法报》的拉尔夫·麦吉尔等人组成的晚会组织委员会给伍德拉夫写了封信，内容大致是要将他的名字写在请帖上，因为他是这次庆祝会的100名赞助商之一。

这封信没有得到立刻答复，因为此时的罗伯特·W.伍德拉夫已经退居可口可乐幕后掌控大局，已不再过问这种日常事务。委员会在12月29日继续来信催促伍德拉夫，同一天，《亚特兰大日报》刊登了那篇“遇到了麻烦”的文章来支持这次晚会。

随后伍德拉夫在艾特威种植园做出了回复，从草稿件能看出，他的回复是这样的：“我很高兴能成为亚特兰大100名资助这次聚会的市民之一。”同日，埃米莉及欧内斯特·伍德拉夫基金会的主席博伊希艾利特·琼斯也写了类似内容的信件表示支持。这两封信现存于亚特兰大埃默里大学的手稿档案与珍本书籍图书馆里。

随后，亚特兰大对这次晚宴的态度出现了180度的大转弯。

1965年1月21日的《亚特兰大宪法报》出现了这样的大标题：“马丁·路德·金宴会门票已全部售罄”，1000多张晚宴门票都已售出。

“如果没有伍德拉夫的支持，这次活动不会如此成功”，据萨姆·马塞尔回忆，伍德拉夫“很礼貌地劝说”亚特兰大工商界支持这次庆祝会，副市长也出席了那次晚宴并坐在了前边的桌子上。

很明显，伍德拉夫意识到这样的宴会若是冷场，会让可口可乐和亚特兰大在全世界面前难堪。

“举办一场这样的宴会对大家都有好处。”马塞尔对大家说。后来，马塞尔当选为亚特兰大的市长。

在晚宴上，马丁·路德·金向人们讲出了那段著名的被世人传颂的名言：“在白人至上的南方，如果善良的人们现在不行动起来，历史在这个社会转型期记录下的最大悲剧，将不是坏人的刻薄语言和残暴行为，而是好人可怕的沉默和麻木。”

据马塞尔回忆，当天出席晚宴的有基督教、犹太教、政府、私立大学、工商界等亚特兰大社会各界人士。大家为了共同的利益聚到了一起，这就是联动式资本主义。

伍德拉夫是位有远见卓识的人，是他把可口可乐推广到全球各地，晚宴危机中他带领可口可乐默默地做了道德上的表率。他心里清楚，这不仅是应该做的事，对公司也有益处。他意识到企业的成功远不是每季度的利润高低，可口可乐要想长期立足，就需要从总部开始做道德表率。

1966—1981年，保罗·奥斯汀任可口可乐的首席执行官。他是一个颇具眼光的人，毕业于哈佛大学，当过律师，还是个划船运动员，参加过1936年的柏林奥运会。他认为可口可乐有义务承担消除全球饥饿困扰的大任，随后创立“营养工程”项目，并开发出三个高蛋白质的品牌：萨西、萨姆森和载。这些品牌的原料是大豆和乳浆，专在南美和非洲销售。

20世纪60年代，我还只是一名赞比亚可口可乐的年轻雇员，参加过萨西的试营销。那时我对这个项目态度非常积极，认为这是可口可乐在消除世界饥饿方面的一件大事，毕竟消除饥饿需要依靠工商界、人道主义组织和政府的共同努力。但很快，我发现事情没有那么简单。萨西的定价太高，即便如此我们还是无法赢利。虽然在试营销期间公司给予了补贴，但这也就意味着在未来我们需要降低成本。最终，事情未能如愿。没有人愿意买萨西，因为这种饮料的味道太差，喝了之后会有一种让人很不舒服的余味。这就给了我们一个教训：即便对健康有好处，味道不好的饮料也绝对不会受欢迎。

随后我们只能将饮料分发给像学校这种地方，尽管是免费的，但依然没有人愿意喝。几十年后，我做了首席执行官，也曾做过调查，希望靠新技术制作出味道好的类似产品，最终还是徒劳无功。尽管有这些不足，但奥斯汀还是认为这个项目的道德取向是正确的，从长远看对公司有益处，所以付出这样的努力是值得的。

奥斯汀认识到，对于可口可乐来说，水是个世界性的问题，并且这个问题将会是持续性的。他在任期内收购了生产海水淡化设备的安科化工实业有限公司，虽然可口可乐在 1981 年卖掉了这家公司，但在让可口可乐走上环保的可持续性发展之路方面，奥斯汀的思维超前了几十年。奥斯汀认为可口可乐不能只图利润，公司应该努力去做一些事情来改善消费者的生存环境。然而评论家们认为做这些事情分散了可口可乐做本职工作的精力。从商业角度来看，这无可厚非，但这跟可口可乐收购哥伦比亚电影公司可不一样，奥斯汀的动机不只是为了利润，而是出于更长远的考量。他认为可口可乐有能力在保持地球清洁和消除饥饿方面发挥更大的作用，在这方面他可谓是高瞻远瞩。

“我们赚的钱越多，就越不招人喜欢。”奥斯汀在 1970 年写给伍德拉夫的一封信中如是说。他的这句话让我不禁想起了赞比亚的可口可乐装瓶商莫里斯 · 格什。他是我大学毕业后的第一任老板，事实上他在基特韦，不仅是可口可乐的装瓶商，还是那里的市长。在基特韦，没有一个居民觉得可口可乐在他们的城里是一家古怪的、不受欢迎的外国公司，因为经销者是他们的市长，这种关联拉近了可口可乐和人们的距离。可口可乐和社会紧密相连，它不可能回避社会，也不可能掩盖自己的问题。

企业的社会责任

为了在市场上保持竞争力，可口可乐像其他众多的公司一样，并购了很多小公司，这些小公司和当地的社会有着千丝万缕的联系。当年在德国时，我花了大量时间和精力，把 100 多家小公司合并成了一家大公司。这缓解了那些小瓶装厂成立之初资金短缺的问题，也降低了小型分销商店的运输成本。因为那时候公路少，很多桥梁在战争中被炸毁了，这导致运费很高。随着超市的出现和跨国公路的不断建成，这种小装瓶厂在经济上就不划算了，装瓶厂数量的不断膨胀，直接影响了可口可乐降低成本、提高利润的能力。随后，可口可乐进行了调整，合并了小厂以提高生产效率，所以现在的成本比几十年前低了。

合并是必要的，但遗憾的是我们失去了那些小厂和当地社会的联系。这种联系非常紧密，有时候我们承诺数以百万的额外利润都打动不了那些小厂商的心，他们不愿卖掉厂子，因为做一名可口可乐装瓶商在社会上是很有面子的事，凭着这个名望，在公共事务和道德影响方面就能起领导作用。

现在的问题是：在当今世界的企业结构中，有没有机会找到现代版的莫里斯 · 格什企业模式？实际上，与莫里斯所处的时代相比，我们现在的机遇更大。作为基特韦的市长和可口可乐的装瓶商，他和当地有着紧密的联系，但他没有机会参与当今这种规模更大的全球性运动，比如全世界都在抗击疟疾、恢复大江大河流域的生态环境、海地发生骇人听闻的大地震后给那里的杧果农民提供援助等等。

当今的企业不仅能参与这些活动，还能做得更多。这便是更大规模上的联动式资本主义。

过去的企业领导人只是与当地政府、非营利公益团体合作。那时只有民间团体会组织进行募捐活动、建新医院和其他一些有价值的公益事业。如今，企业可以和世界野生动物基金会乃至联合国合作，既可以在当地建医院，也可以到千里之外的非洲构建项目。所以，今天的公司能够参与世界的重大变革，可供选择的事情实际上要比莫里斯·格什的时代多得多。我在大学里主修社会福利专业，毕业后却选择了经商。随着可口可乐的发展壮大，我在公司里对全球社会变革发挥的影响远比在非洲做一名社会工作者要大，社会制度为我提供了这样的机遇。所以，如今行业之间的界限不像以前那么泾渭分明了。

关于企业社会责任这一话题，已经有众多的文章和书籍进行过探讨，这种责任激励着众多企业做出了许多伟大的事情。我提出的联动式资本主义前景更深远，我希望政府、非营利性组织及慈善组织和全世界的企业，能够形成真正的合力，彻底根除疾病和贫困，保护我们赖以生存的地球，提高教育水平，最终这也会为企业带来经济上的利益。

企业社会责任有时也涉及“宠物工程”，这个话题是首席执行官们或其配偶提出来的。这些项目通常很有价值，但很难与公司的核心商业策略直接结合，或者不能直接促成企业对社会的影响。但联动式资本主义囊括的范围更广泛，是需要“具有社会责任企业”联合公同创造的，它会作为一个标准来衡量一家企业在社会活动中的足迹，聚焦在这家公司的核心策略上，观察它是否在努力减少对社会产生的负面影响。如果你的公司是靠过度消耗自然资源牟利，那你就要解决存在的问题，就必须要改变，成为自然资源的保护者才行。这样做是为了保护股民和社会的最大利益。举个明显的例子，如果没有充足的水源，无论可口可乐还是它所在的地区都不可能长久生存，双方的命运是紧密联系在一起的。这就是为什么可口可乐现在特意设立了一个副总裁的职位来专门负责环境和水资源的保护。目前，可口可乐的负责人是杰夫·西布莱特，他曾是白宫气候变化小组的成员，参加过《京都议定书》的谈判。

“企业的社会责任”，这个说法多少有点儿赎罪的意味，这对企业其实是不公平的，就好像公司为了谋取利益而亏欠了社会。但这不是问题的关键，只要一家公司的经营模式是对社会负责的，谋取利益就不是件丢人的事情。在我的职业生涯中目睹过可口可乐把世界上成百万的人从贫困中解救出来，当然，也有失败的时候，阿富汗就是一个鲜活的例证。

2006 年，我还在可口可乐担任董事长兼首席执行官，我们在喀布尔建了一家资产超过 2500 万美元的装瓶厂，为当地提供了 350 个就业岗位。有个评论家说这 2500 万美元不如用来建医院。面对这样的质疑，我有必要问一句：如果没有企业，人们不能就业，医院何以维持？人们的医疗费从何而来？维修医院大楼里的设备经费又从何而来？

一家繁荣的装瓶厂能够通过捐赠、缴纳税收，通过它的员工们和售货商来支持医院的建设。有了工作，工人才能有钱看病。没有资金，医院只能靠施舍度日，这样的发展模式是不可能持久的。

企业、非营利性公益组织和政府，是保障可持续发展的铁三角。将来，随着三者配合得更为密切，其力量会突显，人们才会渐渐意识到并承认这股力量。企业带来的是效益和利润，所以这没有什么丢人的。

每个环节都要有钱可赚

人们往往感到惊讶，不知道可口可乐怎么能把饮料送到世界上遥远的角落。我依然记得在赞比亚，商贩们把一箱箱可口可乐装上独木舟，划着船去非常荒凉的地方，在那里挂起可口可乐的招牌卖冷饮。

可口可乐之所以能够在全世界范围内热销，秘诀就是从发货的源头到销售终端，每个人都能得到一定的利润。利润可能不高，但从中可以创造效益。我担任首席执行官时，有一位资深副总裁向我汇报，他就是汤姆·马蒂亚，他在肯尼亚曾经跟踪调查过一箱可口可乐从发货到最后一笔交易结束的情况。

“最后一笔交易是一只山羊，”他说，“有人用一只山羊羔换走了那箱可乐。”

2011 年 3 月，梅琳达·盖茨参观了可口可乐在内罗毕的一家小型批发中心，她希望能从可口可乐的运转系统中学到点儿什么，看能否应用于保健产品批发。结果，可口可乐的工作效率以及使用实时数据的运作模式让她赞叹不已。负责这个地区的营销人员把订单文本发到配送中心，中心马上把信息储存在信息库里。“我们保健行业是不是也能从这样的信息系统中吸取经验呢？”此行之后，梅琳达在她的一篇博客文章中写道，“每个行业都有值得学习的东西。我们保健与开发行业的从业人员需要开阔眼界，寻求办法，解决面临的挑战。”

公益项目很多都涉及向世界边远地区配发物品的问题，比如食品、疫苗和其他一些重要物资。像可口可乐这样的公司有很多，它们具有无与伦比的配发体系，那么这些企业能不能帮公益项目解决这部分问题呢？肯定能。可他们愿不愿意“免费”帮忙呢？应该愿意。但这中间缺乏一个可持续的运行模式。要发展持久模式就需要开发一个完整的系统，这个系统要照顾到整个链条中各个环节的利益。赞比亚划着独木舟的人会愿意为别人免费运送避孕套和药品吗？也许愿意。他们可能会从送货站的成本中拿出一小部分来作为报酬。但是，我们首先要承认企业仅仅是三方合作的一方，应该认识并且尊重企业是什么，企业要做什么。从定义上讲，企业不是慈善实体，它本不应该去发展慈善事业的，但为了自身的利益，为了长远生存，它要成为赢利的机器。

可持续的运转方式

所以，企业同有机生物一样，要想生存就得寻找合适的运转方式。可口可乐在企业界摸爬滚打了 130 多年，它要想再存活 130 多年，就得目光长远，还要有一套可持续发展的经营策略。我想通过本书让你了解到一家现代公司在发展的过程中会经历的众多考验与磨难，了解企业为了保持竞争力所承受的压力，也了解企业一旦濒临破产会是如何迅速。回想一下，可口可乐的最高市值跌落到 960 亿美元的时候，投资银行家戴维·鲁本斯坦曾经说过：“眼下我还没这么大的胃口。”如果一家公司的股票跌得过低，就会变成任人宰割的羔羊，失去对未来命运的驾驭权，濒临被瓜分收购的危险。倘若发生了这种事，公司就必须为保命而挣扎，什么抗击疟疾、抗击艾滋病或者保护江河流域的生态，都根本无从谈起。有些企业评论家看待问题的角度很极端，他们纳闷既然盈利不是我们在这个世界上最重要的目标，那么为什么不把大部分资金一下子捐出来。原因很简单，要照他们这么想，我们很快就会死掉了。

按照联动式资本主义理论，一家企业既要获得更高的利润，也要更快地发展，二者相辅相成，根本不存在冲突的问题。

当下很多国家的失业率达到了 50%，一旦这个数字减少到 25%，企业的利润就会长期增长，这显而易见。如果人们的健康状况再好一些，受教育程度再高一些，企业就可以赚到更多的钱，就能做更多改善社会环境的事情。记住，在那些疾病肆虐的国家里，当地的企业会直接遭受瘟疫带来的恶果，艾滋病、疟疾会让他们失去宝贵的员工。所以，抗击这些疾病是为了公司直接的利益而付出的努力。

联动式资本主义还能给我们带来其他的利益。

汤姆·马蒂亚记得非洲有位装瓶商，他发现当地的村民因为喝被污染的河水而生病，于是便决定挖两口井。据汤姆回忆，打井的费用相当于从约翰内斯堡到亚特兰大的一张单程机票。井水既可以供人们饮用，还可以灌溉农田。有了这两口井，患病的人少了，农场的收成也提高了。随着收入的增加，消费可口可乐的当地人也多了起来。这是联动式资本主义的一个典型范例。

政府和非营利性组织应该以这样的思维建立伙伴关系。企业也不应该是被动的合伙人，不能只是简单地开支票，然后在年度报告中或媒体面前对自己的做法标榜一番。企业应该站在公益或慈善组织的角度多想一想，公益组织也应该多站在企业的角度想一想。公益组织应该给予企业既能赢利也能改善我们世界的机会。这不仅是资金的问题，还涉及技巧、投入和智力投资。

只有企业的财务状况健康良好、呈上升趋势，企业才能认真地长期投身公益事业。在我任首席执行官的初期，若是有哪家公益组织来找可口可乐，他们会看到一个不同于现在的、背负着巨大压力的我，我对于每一次公益合作都备感压力。后来，情况就不同了，我们成了公益组织的长期合作伙伴。早些时候，我的精力只能放在调整公司的航向上。后来我们的努力取得了成功，我才能够真正地让可口可乐参与诸如打井之类的公益项目。只有我们的生意蒸蒸日上，才能帮助别人，这一点很关键。有句话说得非常好，“只有日子过好了，才能积德行善”。所以，非营利性的公益或慈善机构必须明白这一点，并牢记在心，常给企业提些想法和建议。对企业来说，能够长期维持的最佳合作伙伴只有那些关注企业核心业务的人。就可口可乐而言，最重要的问题是水，因为水是我们所有产品的关键成分。我们把数以百万计的美元花在水上，其利害和重要性就连证券分析师也不难看懂。有一次，在形势分析会上，有人就此向我发难，我二话没说，随手抓起一罐可乐，让他们看了看里面的重要成分：水。以后再也没人就这个问题对我提出质疑了。可口可乐的装瓶商都深知这个问题的重要性。我在欧洲管理过的可口可乐希腊装瓶公司投资改善保护多瑙河，为什么？因为这条河流经他们经营范围内的大部分国家。

一家公司一旦在核心业务方面找到了合作伙伴，这种合作关系就会拓展到其他相关领域。比如，可口可乐参加了“生命蚊帐”的合作，与其他企业、基金会、公益组织、宗教团体等一起在非洲的边远地区分发涂了杀虫剂的蚊帐。退休之后，我又和投资商克里斯托弗·弗劳尔斯合作在赞比亚发起了一场类似的活动，我们针对的是“生命蚊帐”没能覆盖到的地区。

在以往的慈善事业模式中，公益组织只是向企业寻求经济赞助。而企业里的慈善事业部门只是个小小的独立机构，和公司的日常业务并没有什么关系。

全新的模式则全然不同，正如世界野生动物基金会的主席卡特·罗伯茨对此的定义。如今，公益组织和世界野生动物基金会一样，正在同世界上最大的公司，同时也是他们的赞助商一起合作，为企业出谋划策，降低能源、水和土地资源的浪费，降低碳排放量，这些是企业长期发展战略的重要组成部分，最终也会为企业带来利润的提升。“这可不是给公益组织或环保组织投钱这么简单。”卡特认为。

卡特表示，过去的环保公益组织把企业定位成了敌人而非合作伙伴。在新模式中，这种情况正在逐渐改变。卡特在哈佛大学获得了工商管理硕士学位，而且在宝洁工作过，他深知企业家们都支持保护地球环境，而且在他们的管理模式中也采取了这方面的措施。卡特说：“我一直讲，除非我们和企业的老总直接接触，他们是企业的最高领导，有最终的决定权，否则公益机构同企业之间的合作不会真正奏效。”

企业在环保方面的努力正在发挥实实在在的积极作用。2010年下半年，由穆泰康发起的消费论坛承诺，在2015年之前逐步淘汰氢氟烃制冷剂，到2020年实现森林零砍伐，这些举措都是为了解决地球气候变化问题。参加此次论坛的成员有很多是全球性企业，如沃尔玛、通用电气和强生公司等。

卡特认为，从长远看，企业会从这些投入中获利，因为效率会逐渐提高，新的工艺和技术也会因此得到推动，自然资源的消耗也将逐步减小。

“在我们赖以生存的这颗星球上，资源是有限的。”卡特说，“我们要满足数十亿计庞大人口的需求，所以我们要付出，而我们的付出大部分成效显著。”

卡特解释说，公益组织在与企业的合作中，决不能充当诱饵的角色。如果企业不履行自己的承诺，公益组织需要保留向公众举报的权利。公益组织同企业一样，保护自己的品牌信誉是非常重要的。公益组织要监督企业履行承诺，同时，公益组织也要清楚企业不是慈善事业的实体，要让他们长期参与全球的慈善工程，他们就必须得赢利。

“我们希望好的企业真正能够赢利。”卡特表示。

然而，要想维持长久的合作关系绝非易事。机构是由人操纵的，所以，人与人之间的冲突、本位思想，还有“唯我独尊”的观念，都会对公益性质的合作形成干扰。

企业、政府和公益组织合作

我首次具体参与非政府公益组织活动是在 1995 年，当时可口可乐公司让我参加威尔士亲王主持的国际企业家论坛，正是那次活动让我萌生了关于企业与社会联手合作的很多理念。国际企业家论坛于 1990 年在美国南卡罗来纳州的查尔斯顿成立，在这个论坛组织成立前，刚刚发生了美国油轮埃克森·瓦尔迪兹号漏油事件。这个组织当时受到了查尔斯王子和罗伯特·戴维斯的启发。戴维斯很有远见，很多年来一直领导这个论坛的发展，后来我有幸同戴维斯成了密友。国际企业家论坛的宗旨是革新思维，实现突破。它倡导企业的收益与社会的可持续性发展并重，二者相辅相成。

2001 年我第一次退休时，也同时退出了国际企业家论坛的董事会。我重回可口可乐之后，在老同事的再三劝说下，于 2006 年重新回归主持论坛董事会的工作。不幸的是，罗伯特·戴维斯生了重病，一年后就去世了。我本来只是协助这位精力旺盛的领导人每年参加两次董事会的会议，查尔斯王子会参加其中的一场会议，现在压力一下子落到了我的肩上，我当时还是可口可乐的董事长兼首席执行官，事情多如牛毛。

罗伯特生前向董事会提交了一个全新设计的徽标，上面不再突出“威尔士亲王”的字样。他对我说这一变化是经过查尔斯王子本人认可的，还说王子很高兴看到国际企业家论坛更加具有独立性。后来，一位陪王子参加会议的人告诉我，实际上根本不是如此。与此同时，王子的私人秘书已经开始审查由王子建立的许多其他组织，让王子能更加密切地注意他掌管的慈善机构动向，加强王子方方面面的人物形象。我和其他组织的领导人一起参加了几次研讨会，明显可以感受到一种有效的合作模式正在形成。

然而，我突然收到了查尔斯王子的一份手谕，上面说他要把国际企业家论坛和社区企业协会合并。后者是他在英国建立的一个组织，旨在推进企业承担社会责任。我对此感到十分震惊，国际企业家论坛当初就是因为在宗旨上与社区企业协会有重大分歧，才从协会中分离出来，现在两者之间的区别依然很大。国际企业家论坛是在英国以外的地方开发市场，同一些大型跨国公司合作，把重心放到了乡村。而社区企业协会的工作重心在英国国内的城市，是个中型的产业基地。这两个组织合并后，会面临诸多问题，其中之一便是一些来自英国企业的人在两个董事会都任职。这样的合并会明显减少董事会的年收入，因为跨着两个董事会的企业不可能缴纳双份的会费。

但查尔斯王子执意要合并。我和王子进行了面谈，然后又找到社区企业协会委托人委员会的负责人斯图亚特·罗斯爵士商议此事，斯图亚特当时是玛莎百货零售集团的执行董事长。我们最终决定找一家权威的咨询公司评估合并之事，评估的结果明显表明这样做在经济上风险太大，还是两家分别管理为好。社区企业协会的常务主席表示他也认可这一评估结果，但即便如此他觉得还是要合并，而合并之后，他便成了新组织的主管。很明显，王子办公室给他施加了很大压力，他必须完成这项合并的任务。我认为这次合并实际上是一次吞并，最初，我以为斯图亚特会支持我，因为我曾去他办公室找过他，而且他也同意评估结果，并表示支持，但一周以后，斯图亚特爵士也改变了主意，同意了合并的决议。

我们与查尔斯王子之间还出现了另一种紧张局面：王子办公室反对国际企业家论坛研究委员会选出的接替罗伯特·戴维斯的人选。这个人选经过了我的批准，尽管王子反对，国际企业家论坛还是坚持任命了此人。论坛有充分的权利这样做，因为慈善团体由委托人全权监管，而不是王子。但是，在这个圈子里的重大决策需要得到王子的首肯，这已经成了传统。我们表示反对，这就导致了和查尔斯王子的另一场分歧。在我与王子最后一次正式交涉的时候，他对我说，他“希望”这次合并能够完成。我对他说我们的委托人委员会不会投票通过。我们告别之时气氛几乎到了冰点以下，我们闹得很僵。几周之后，我收到查尔斯王子的一封信，告知我他要撤销对我们的赞助。最终，国际企业家论坛还是国际企业家论坛，只是没有了查尔斯王子。现在回想起来，我觉得这大概正是罗伯特·戴维斯想要的结果，如果当初我明白他的这一想法，我绝对不会支持他，因为我认为王子的参与非常重要。我赶忙向王子解释，我反对合并是因为我坚信这样对他有利。对我来说，合并是轻而易举的事。我在可口可乐还有很多事情要处理，少了这边的事倒好。反对合并耗费了我大量的时间，因为这种事情分散了精力让我觉得很不舒服。

我认为查尔斯王子这样做完全是出于好意，尽管我不同意他合并的做法，但我依然认为他的思想是超前的，尤其是在环保问题上。他是王储，意志非常坚定，所以习惯了坚持自己的想法。他对周围人的评判是看这些人是否顺应他，没有人会愿意同王子较劲。应该说我也是个倔脾气，所以说我们两个人碰在一起其实是个小概率事件。不用说，此后的圣诞节我再也收不到王子的贺卡了。

这件事让我很难过，从大形势看，经过这场冲突之后，要想保住国际企业家论坛就很难了。由于王室撤销赞助，一部分成员离开了论坛。但之后形势还是稳定了下来，2011 年，我把论坛的领导权移交给了在伦敦工作的马克·福斯特，彼时我远在巴巴多斯，很难对论坛进行有效管理。现在回想起来，我在国际企业家论坛任职期间最大、最令人郁闷的失误，出在确定接替罗伯特·戴维斯的人选问题上。我当时全力支持此人，结果他非但做事不靠谱，责任感也不足，在这个问题上王子是对的，我错了。

我从这件事情中获得了教训。在受人瞩目的高风险合作关系方面，合作关系的覆盖范围会发生冲突，你需要应对这些冲突，但不能殃及你肩负的使命。

针对气候变化和其他的大事件展开的合作，通常涵盖的范围很宽泛。另外，与企业、公益组织和政府合作相关的还有些更具体的项目，这些项目可能根本不会涉及资金问题，但是对于企业来说也很重要。

公益组织和政府部门中有广博的知识储备和充足的专业人才，企业也一样。在各方的联合中，也就是在联动式资本主义中，这些资源应该由协作各方共享。大企业可以在技术、供给链管理、市场营销与产品分配以及员工培训等方面，给公益组织和区域性的小企业提供帮助。

有个很有意思的例子可以充分说明这个问题：总部设在亚特兰大的国际救援机构美国援外汇款合作组织和美国联合包裹服务公司之间的合作。

多年来，联合包裹服务公司一直给援外汇款合作组织捐款。这是一种消极的合作方式。众所周知，援外汇款合作组织是向全球发放救济物资，联合包裹服务公司在200多个国家有业务，是世界上最大的包裹快递承运商。2007年，援外汇款合作组织的高管里戈韦托·吉龙向联合包裹服务公司寻求帮助，希望该公司可以协助解决后勤保障方面的问题。吉龙在企业里工作过，了解联合包裹服务公司出手相助能带来的价值。说到底，公益组织和企业一样也要保持高效率和竞争力。它们要相互竞争从捐助者那里获得更多的资金，就像可口可乐要通过竞争从消费者那里挣到更多的钱一样。

于是，联合包裹服务公司派了两位高管，戴尔·赫佐格和吉姆·科赫兰，来负责执行具体的合作事宜。两人先到了援外汇款合作组织在洪都拉斯、达尔富尔和印度尼西亚的分部了解情况。援外汇款合作组织允许两人随意参观所有的操作程序，透明度极高，这就让两家机构走得更近了。赫佐格在考察中发现援外汇款合作组织的援助物资存放在世界各地，却没有相应的电脑数据库予以记录，所以各地的分公司只能把库存单存放在各自的电脑之中。赫佐格还发现这个组织需要扩大救援物品的中央采购系统，比如帐篷和瓶装水的采购问题等。如果他们能在世界范围内预置这些物品，向灾区运送物资就会更方便。更让赫佐格感到不安的是，援外汇款合作组织几乎没有备用资金，他们没有资金能力来应对像海地大地震这样的具体自然灾害，从长远看他们无法提高工作效率。援外汇款合作组织没有足够的资金在发生灾害之前采取大宗物资购买，靠数量优势获得折扣。如果有这个财力，他们的成本会大大降下来，因为在灾害出现之后救援物资的价格通常会立刻暴涨。然而，捐款人的心态往往是希望他们捐出的钱立刻被送到他们在电视上看到的灾区，这就为出于长远考虑的募捐活动增加了难度。

Aidmatrix基金会的总部设在得克萨斯，在这家基金会的协助下，赫佐格和援外汇款合作组织开发了一套电子系统，可以随时跟踪世界各地的救援物资状况。援外汇款合作组织也向Aidmatrix基金会捐款。他们新建立的数据库在斯里兰卡和海地的事件中经受住了检验，正在全世界范围内进行推广。

目前，赫佐格正在和援外汇款合作组织一起扩大中央采购系统。"我们准备在70个国家里，每个国家一次性购买15辆丰田汽车。如果能一下子把这些车全买下来，那折扣就大多了。何乐而不为呢？"赫佐格如是说。

有趣的是，援外汇款合作组织和联合包裹服务公司的这次合作初衷本来与资金无关，但随着双方的合作关系进一步加强，联合包裹服务公司的捐款数额从每年20万美元增加到了100万美元。这就是协作的力量。多捐的资金一部分会用来预购至关重要的救灾物资，这部分钱通过社会募捐是很难获得的。

联合包裹服务公司在同援外汇款合作组织的合作中又获得了什么呢？在当今社会中，人们对人道主义救援参与的力度很大，人道主义物资的运送在世界范围内比比皆是。"每天有数十亿美元的货物在运输途中，其中大约有10%是捐赠的人道主义物资，"赫佐格表示。"联合包裹服务公司内部有一种使命感，大家都希望可以做应该做的事情，而且我们能够做很多公司做不了的事情，其中同时也蕴含着商业利益。这是个很大的市场空间，以前的联合包裹服务公司从未涉足。”

联合包裹服务公司通过与援外汇款合作组织在人道主义救援方面的合作，提高了自己的品牌声望，塑造了自己的品牌形象，同时也为企业带来了利润的提升。利润增加了，反过来又会资助援外汇款合作组织。这是一种良性循环，是联动式资本主义最好最典型的例证。这两家组织单位会和所有的成功合作案例一样，继续发扬光大。

目前，联合包裹服务公司正在开放一种无纸的救济品分发系统。当联合包裹服务公司的邮递员拿着包裹敲你家的门时，你只需要在一个袖珍电脑键盘上敲一下，不用在纸上签名。这节省了大量的时间、资金和纸张。联合包裹服务公司和援外汇款合作组织在海地和孟加拉的救援物品投递中，已经开始大范围使用这种装置。

“这是工作效率自然进化的结果，”赫佐格认为，“我们正在把很多有效的商业手段引入此前没有这些模式的领域之中。”

当我们反思这些合作带来的变化时，我们发现这些大型企业越来越像公益机构，而公益机构也越来越像企业。由于二者的结合，双方都变得更强大、更优秀了。

援外汇款合作组织通过提高效率，节省了大量资金，它们将省下来的这笔费用用来扩大服务。同时，这也能让捐款的人放心，因为这个组织在世界上效率最高的企业帮助下，高效率地使用慈善者捐出的费用。这种相互依存的关系，充分体现了在企业和公益组织之间还未达成信任关系之前，双方应该如何向互利共赢的方向发展。建立起合作关系之后，双方之间的壁垒就会越来越少。

这两种机构之间的合作，还会带来另外一大裨益，那就是能鼓舞士气，因为企业的高管拿出时间和专业技能为公益或慈善机构服务是件令人振奋的事情。“大家都很羡慕我的工作，都希望能成为我这样的人。”赫佐格笑着说。公司和公益组织的合作无疑帮助企业招募到了最出色的人才。那些充满理想的大学毕业生不需要在经商还是做公益之间犹豫徘徊，这二者之间的界限已经模糊了，而这样的模糊是良性的。

企业有意愿为公益组织出力，可有时候公益机构体会不到企业在其内部员工中调动起来的热情。援外汇款合作组织有一位名叫德里克·卡扬戈的驻乌干达高管，他到美国之后，看到旅馆的服务人员每天都把用剩下的肥皂扔到垃圾篓里，对此他觉得非常震惊。在乌干达，肥皂是很珍贵的东西，可在美国的旅馆里每天却成吨成吨地扔，太浪费了。在一次面向美国旅馆经理们的演讲中，卡扬戈要求他们把用过的肥皂捐献给公益性组织“世界肥皂工程”，这个由卡扬戈建立起来的组织会把这些肥皂重新加工后运往非洲。

大家对此反响强烈。酒店的老板们认识到，通过回收这些本来要扔掉的肥皂能为他人省钱，不仅如此，他们还动员员工参与了一个在发展中国家铲除疾病的项目。“世界肥皂工程”不仅在亚特兰大，甚至在美国全国各地一下子展开了，现在已经搜集了 50 吨用过的肥皂。波士顿的一家酒店看到新闻之后，给亚特兰运来了一吨这样的肥皂。“世界肥皂工程”还与Medshare等其他公益或慈善机构合作，往非洲、海地以及其他缺少肥皂的地方送货。弗吉尼亚一家非营利性公司出资 270 万美元购买了 1400 磅肥皂运往了肯尼亚。

“世界肥皂工程”还探索社会创业机会，活动资金部分来自向政府出售再生肥皂，政府会采购这样的肥皂给监狱的犯人使用。

社会企业家精神

社会企业家精神是另一大迅速崛起的领域。很多企业用自己的利润为发展中国家排忧解难。它们在印度和其他一些国家投资进行小额贷款，支持小型公司的发展。送光明公司（d.light）就是这样的一家公司。该公司由斯坦福大学一个班的学生创立，他们生产一种廉价的太阳能电灯，在世界上没有供电的地方大量出售，受益地区极为广泛，且效果明显。这种灯比煤油灯安全，降低了失火的危险，也减少了烟雾的排放，而且有利于教育水平的提高，因为孩子们晚上有更多的时间学习了。养鸡场甚至还用太阳能灯增加了鸡蛋的产量。送光明公司是一家纯粹的非营利性公司，资金部分来自美国的风险资本家，这家公司也向公益或慈善组织索要捐款，帮助那些买不起灯的穷人。如今，在全世界都能看到此类企业活动。

另一家针对印度国情新成立的公司是医药保障公司，通过形成完整的体系，打击假处方药。假药泛滥在印度是个很大也很危险的问题。这家公司的创始人是达特茅斯学院的毕业生内森·西格沃斯，同样是由风险资本家资助的。医药保障公司建立了一个完善的网络，让制药公司在所有的处方药包装上都输入一个独一无二的编码。消费者可以通过手机拨通一个印在编码旁边的电话号码，来查询编码的真伪。这个系统不仅能打击假药，挽救生命，也给制药公司提供了一种把自己的产品与同行厂商的产品进行区分的途径。

当然，资本主义制度也存在缺陷。这种体制下有好的企业也有坏的公司，这就如同国家有好政府也有腐败政府，公益组织有的效率高有的效率低一样。但这种体制能让医药保障公司和送光明公司这样的企业，以实实在在的、看得见摸得着的方式，切实改善发展中国家的状况。这类公司有时需要公益和慈善组织的帮助，但能让它们付出努力给世界带来变化的最强大动力是体制。这种体制为什么能做到这些？为什么那些企业家会喜欢搞非营利模式，而不是自己也创立公益组织、为了高尚的事业到企业界去募捐呢？

送光明公司的发言人多尔卡丝·程童俊对此进行了言简意赅的回答：这种发展具有可持续性和可拓展性。公益性组织从社会募集来的款项要发放出去，但如果经营好一家公司，利润就有保障，就能长期维持公益事业。程童俊说，世界上有16亿人用不上电，私人投资使得送光明公司能够更快地在广阔的地区应对这个问题。

“多年以来，公益与慈善组织都在解决这个问题，它们利用自己的资源已经尽了最大的努力，”她说，“但实际上，在解决发展中国家的用电照明问题上，还没有哪家公益性组织的活动能形成规模。它们只能在一些零散地区进行一些小项目，比如一个村庄、几百户人家，然后就没有经费了。我们也深有同感，因为我们想在全球范围内解决这个问题，所以我们是在一个能真正带来变化的层面上进行的，这就需要可持续发展的企业模式，靠募集来的善款肯定是不够的，我们要拓展规模。”

投资使公司得以快速行动，开始在中国建厂，大批量生产节能灯，规模生产也把产品的价格降了下来。2008年，在投产数月后，送光明公司又在印度和坦桑尼亚建立了销售点。不到3年，送光明公司已经解决了300万用户的照明问题。

程童俊认为，卖灯而非免费送灯，这是一种积极的方式，能提高用户的动力。“人一旦得到公益或慈善机构高补贴的免费服务，就会成为被动的受益者。”她说，“我们给予了客户权利，我们为他们提供了适合他们需求的产品，因为需要，所以他们愿意花钱购买。

我们的产品有保修单，也有售后服务网络，还建立了投诉中心，如果消费者买到的产品有质量问题，可以来找我们修，也可以换。我们觉得与做公益组织相比，这种发展更健康，更具有活力。”

送光明公司与公益慈善机构通力合作，在灾区和贫困地区免费发放太阳能灯，但他们主要的销售渠道还是市场营销。

我在这里提送光明公司的故事，绝不是要贬低公益慈善组织在全球做出的巨大贡献。我只是举例说明我们的制度能创造奇迹，尤其是企业和公益慈善组织联起手来的时候，所产生的能量是巨大的。

然而，在企业和非营利性组织联手之时，政府却落到了后边。很多政府依然认为解决问题的途径就是制定更多的法律，他们还没弄明白，最有效的方针是与企业和非营利机构合作，开拓惠及三方的工程。

所幸，形势在变化。我和坦桑尼亚的前总统本杰明·姆卡帕共同主持过非洲投资环境基金会的非营利性团体工作。这个基金会旨在与企业和政府合作，改善非洲的投资环境，促进工商业的发展。工作成效明显，我亲眼看见了我们的努力带来的结果。

目前，在卢旺达注册一家公司只需要一天的时间。以前他们每天只注册四五家公司，现在则高达 70 家。这里提供一站式服务，也可以在网上注册。

我们还改革了非洲的工商业法庭，公司之间出现纠纷可以快速高效地当场解决。我们还协助政府把法庭的手写办公改为数字化办公，提高了工作的准确性和速度，极大减少了积压现象。

从前在布基纳法索买卖一块土地大约需要 70 个负责人的签名，现在仅需要 7 个。

这些成功的范例值得全世界的合作组织和联动式资本主义效仿。

批评家们会把英国石油公司于2010年在墨西哥湾造成的漏油事故之类的灾难作为例子，指出我们的制度是何等贪婪，只顾发展利益，把利润置于地球环境等一切事情之上。可说到底，英国石油公司在维护可持续性发展方面也发挥了很大的积极推动作用，他们斥资几十亿美元开发出可以代替石油的低碳产品，如生物燃料和风能。

然而，墨西哥湾漏油这样的重大事故，让他们付出的努力和声誉一夜之间付之一炬。所以，联动式资本主义并不意味着容忍企业带来的罪责。这种协作要求参与各方，即政府、公益慈善机构和企业，都要对自己的行为负责，否则这种合作就会崩塌。对自己的行为负责，也是企业长期生存必须要做的事情，同时也是让企业繁荣的社会制度能够长期生存的保证。

一次漏油事件让英国石油公司及其股东，无论是在经济上还是在品牌形象上都付出了沉重的代价。这次失误让那些反对并寻找借口攻击我们的人，直接抓住了把柄。企业应该为社会创造更多的价值，否则，一些民粹主义政治家就会站出来，就像乌戈·查韦斯在委内瑞拉做的事情一样。查韦斯之所以出现，原因是委内瑞拉的企业领导人都是强盗贵族。查韦斯一直给民众开着漂亮的空头支票，他对企业实行国有化，而企业界却脱离大众，无法号召人们站起来反对他。除此之外还有很多类似的例子。坦白讲，墨西哥湾漏油之后，很难再看到有多少人支持英国石油公司了。一些知名人士，比如前美国劳工部长罗伯托·赖克等人，都在呼吁美国临时以破产管理人的身份，接管英国石油公司在墨西哥湾的业务。

2009年，我从可口可乐正式退休时，银行和一些大型企业正面临破产，还有一些企业在实行国有化。“我们现在都成社会主义者了”,《新闻周刊》于2009年2月这样写道。

我在世界各地奔走了一辈子，见过柏林墙倒塌之前萧条的民主德国，货架上空空如也，想买点儿东西都很困难；在俄罗斯，我看到他们连给自动售货机配的纸杯都生产不了，而那儿的公民勤劳善良，渴望自己和孩子们过上好日子，然而受到体制的重压，他们的聪明才智和旺盛的精力在很大程度上被浪费掉了。我热爱非洲，但在那里看到过同样萎靡的景象。

如果我们的体制也垮了，那必然是我们这些人辜负了民众。如果我们无动于衷地任凭企业脱离它们为之服务的社会，我们的体制必将面临垮台。

将来，对企业进行评判的不仅是消费者，还有投资者；不仅是我们的产品质量和利润，还有我们体现出的价值——我们是如何担负历史重任、给世界增添价值的。

这将成为一个重要的尺度，关系到投资者会不会为我们投资。投资者的积极性未必一定是他们有解决世界性问题的远景，相反，他们的积极性受到一种越来越强烈的信念驱使，那就是要能够保障自己的企业长期生存并长期获利。所以，公司必须开始思考，自己的所作所为必须对社会负责。

投资人正在认识到，假如公司脱离了社会，对重大的社会问题不理不睬，假如公司毁坏环境、消耗宝贵的自然资源，这样的公司就会脱离消费者，最终必将化为历史长河中的泡影。众多投资人的心声便是如此，“我必须搞清楚你的企业能否长久存活，我投资的企业需要能可持续发展，那就需要以可持续发展的方式运行”。只有这样，我们才能够吸引消费者，才能长久地在竞争中立于不败之地。社会期盼大企业能做更多的事情，同样，大企业也在从养活他们的消费者、投资人那里期盼获得更多的东西。这是一种连锁反应。

可以说2008年开始的全球金融危机，既不是社会主义造成的，也不是鲁莽的资本主义造成的，更不是英国石油公司2010年的漏油事件造成的。答案是：有没有遵循联动式资本主义。

18世纪的经济学家亚当·斯密曾经提出："我们有饭吃不是因为卖肉的、卖酒的和卖面包的做了善举，而是因为他们在考虑自己的利益。"

在未来复杂的经济形势中，企业的利益和社会的利益会更为紧密地融合在一起。所以，资本结构必须与其结合，否则将无法生存下去。

总而言之，完成这本书的写作其实是我的一种精神发泄，当然这种发泄是正面的。它让我认识到我是多么的幸运，我拥有最关爱我、最支持我的父母，他们为我创造了机会，使我得以在身体上和思想上探索世界。现在，68年过去了，我拥有一个温馨的家庭，帕梅拉、卡拉、女婿扎克，还有最让我们高兴的一员，我亲爱的外孙罗里。我走过了145个国家，结识了很多历史性人物。还有一点也很重要，我接触了众多来自不同文化的人，这些人来自社会的各个阶层。

这样的生活我愿意再过一次，包括那些非常糟糕的时段和存在的诸多遗憾。我的一生属于可口可乐，愉快，乐观，而且绝对清白。现在，我的最后一段生涯已经开始了，我要为世上还没有获得幸福的人们尽义务，回报他们，因为，这些人都善待了我。

致 谢

我要向所有参与本书创作的可口可乐同人表示感谢，感谢你们的宝贵时间和珍贵记忆。感谢杰西·塞尔德兰、托尼·埃姆斯、迈克尔·奥尼尔、海因茨·维措雷克、杰伊·拉贾、辛西娅·麦卡格、约翰·布朗里以及汤姆·马蒂亚。

对那些来自可口可乐大家庭之外，也为此书做出贡献的朋友，我也要表示衷心的感谢。感谢萨姆·马塞尔、杰克·韦尔奇、戴尔·赫佐格、卡特·罗伯茨和卡罗尔·马斯楚安尼；感谢佐治亚州立大学罗滨逊商学院和亚特兰大世界事务委员会的朋友们，他们是H. 芬威克·哈斯、韦恩·罗德、锡德里克·苏兹曼、塔默·卡瓦斯基尔、雅各布斯·布尔斯、珍妮弗·肖克里以及加里·麦克利普斯；感谢来自亚特兰大全球公司的工作人员菲尔·博尔顿和特里沃·威廉姆斯。

感谢埃默里大学手稿档案与珍本书籍图书馆的工作人员，感谢他们为本书提供了罗伯特·W. 伍德拉夫大师的手稿文件。

同时，还要感谢我的妻子帕梅拉，感谢她不辞辛苦地参与到本书的编辑中，并为我的创作提供了宝贵的意见。还要感谢苏珊·比斯利、扎克里·比斯利、劳拉·比斯利和埃米莉·比斯利，他们也参与了本书的编辑修订。最后，我还要向菲尔·雷夫津致谢，感谢他在创作初期所给予我的支持和信心。还要感谢圣马丁出版社的工作人员乔治·维特、泰拉·雷顿和劳拉·查森。

向所有为本书做出贡献的人，表示最诚挚的感谢。